KB236048

HANDMADE RECIPE

TUESDAY 지음 | 민경욱 옮김

비타북스

Tue
T
Tuesday
San Francisco
T
T
T

안녕하세요. 우리는 TUESDAY라고 합니다.
부부가 함께 그래픽디자인 일을 하고 있습니다.

우리의 일상은 여러분과 마찬가지로 늘 정신없이 바쁩니다.
일을 하고, 가사도 하고, 육아도 해야 하고….
정신없이 바쁜 일상이지만 시간이 나면 핸드메이드를 즐깁니다.
소소한 작업이지만 일상에 자극을 주어
큰 즐거움을 느끼게 되고, 창의적인 영감도 얻게 되니까요.
핸드메이드에 푹 빠지면,
단순한 휴식에서는 얻을 수 없는 아주 편안한 시간을 보낼 수 있어요.

우리는 예쁜 종이나 천, 문구류, 독특한 잡동사니를 아주 좋아해요.
가게나 시장에서 발견하면 계속 사들이곤 하죠.
하지만 좀처럼 실생활에서 사용할 기회가 적어
서랍에 넣어둔 채 쓰지 않는 경우가 많습니다.
'이런 멋진 소재들을 자주 볼 기회를 만들고 싶다'라는 생각이
우리가 핸드메이드 소품을 만드는 계기가 되었습니다.

해외 생활의 영향도 컸습니다.
샌프란시스코에서 3년간 살 기회가 있었는데,
친구 집에 놀러 가면 간단한 재료와 도구를 이용한
오리지널 핸드메이드 아이템을 자주 접할 수 있었습니다.
핸드메이드 장식품과 DIY 가구, 카드와 선물 포장 등등….
그것들은 생활공간의 좋은 포인트가 되고 항상 많은 자극을 주었습니다.

2006년에 쌍둥이 딸이 태어났습니다.
예상했던 대로 정신없이 시간에 쫓겼습니다만
딸들이 점점 크면서 함께 핸드메이드를 즐기면 좋겠다는 욕심이 생겼습니다.

이 책에서는 다양한 재료와 방법으로 만든
145개의 핸드메이드 프로젝트를 소개하고 있습니다.
모든 프로젝트는 매우 쉽고 간단합니다.
평소보다 살짝 더 행복해지거나 모두가 좋아할 것들입니다.
아이와 함께 만들 수 있는 것도 아주 많습니다.

우리들이 늘 자극받고 있는 국내외 친구들의 핸드메이드 라이프도
'Handmade People'이라는 코너로 소개합니다.
모두 저마다의 스타일로 핸드메이드를 즐기고 있다는 것을 알 수 있을 거예요.

책 마지막에는 제작에 사용한 재료와 만드는 방법을 간결하게 정리한
핸드메이드 레시피를 실었습니다.
하지만 이것은 어디까지나 지침에 불과합니다.
내가 좋아하는 수재, 색과 무늬,
내가 하고 싶은 방법으로 마음대로 고쳐보세요.

이 책이 여러분에게 즐거운 핸드메이드 라이프를 시작하는
계기가 되길 바랍니다.
주말에 시간이 생기면 친근한 재료와 도구를 사용해
핸드메이드에 꼭 도전해보세요.

TUESDAY
도가와 도모히로(戶川知啓) + 도가와 도모요(戶川知代)

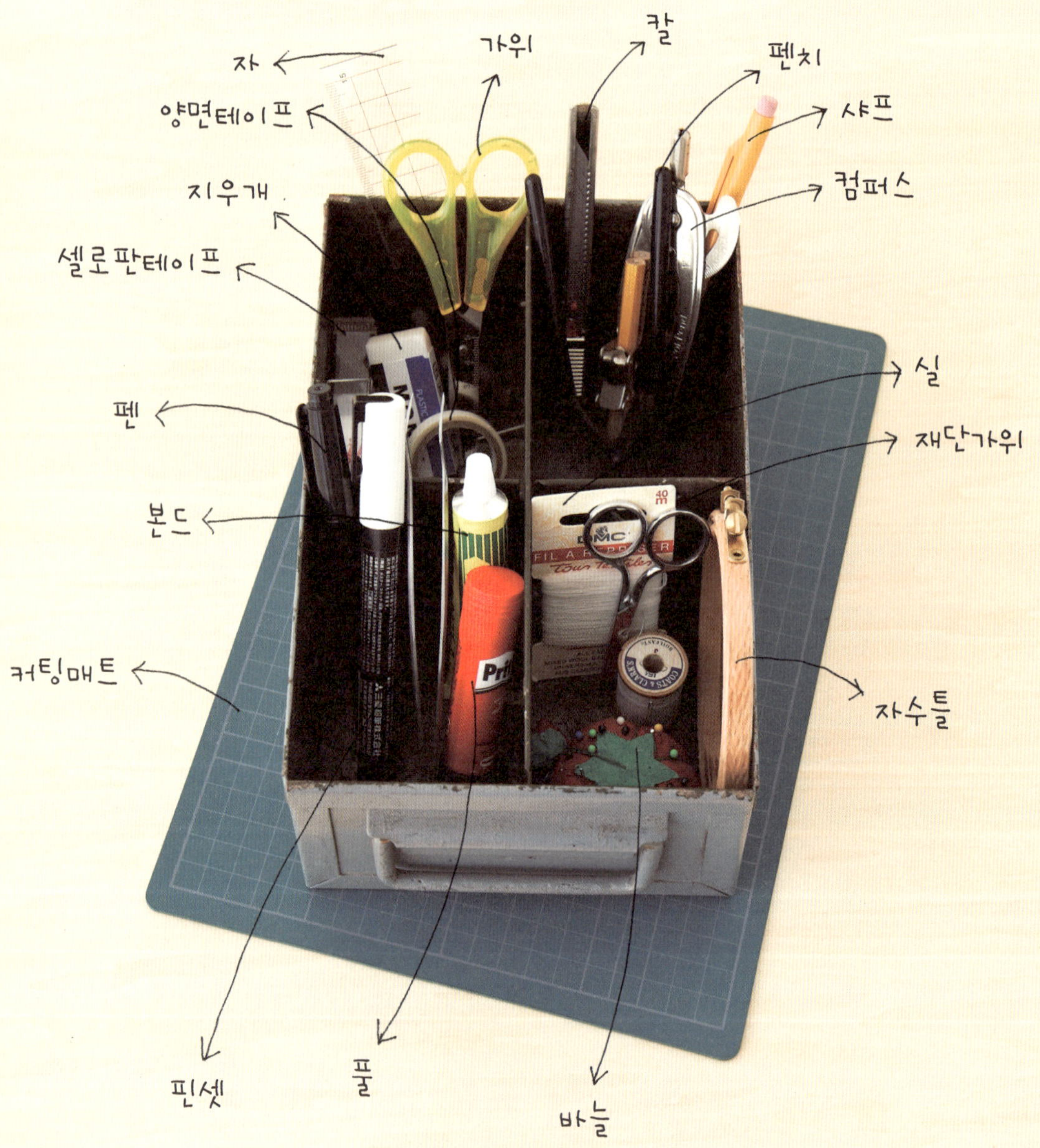

도구는 어디까지나 사용하기 편리한 것을 선택하면 됩니다. 자주 사용하는 것은 칼과 펜치, 양면테이프, 본드, 실, 사인펜, 핀셋 정도로, 핸드메이드에 친숙한 사람이라면 누구나 가지고 있을 거예요. 이번에 가장 놀라웠던 것은 재단 초크. 평소 재봉틀을 사용하지 않기 때문에 가지고 있지 않았는데 사러 가니 펜 형태로 된 것도 있고, 시간이 지나면 저절로 지워지는 것도 있어서 무척 편리하게 사용했어요.

재료는 주위에서 쉽게 구할 수 있는 것들입니다. 색종이, 포장지, 양면종이, 종이박스, 천, 단추, 실(seal), 리본, 테이프, 사진 등을 많이 사용했습니다. 평소 닥치는 대로 모았던 작은 물건들이 포인트로 사용되었습니다. 새로 구비할 때는 1000원 숍이 최적의 장소입니다. 번쩍이지 않는 소재, 기본적인 색과 무늬를 사용하여 세련된 분위기를 내려고 했답니다.

ornament

1 웰컴 모빌

손님을 맞을 때 걸어두는 모빌.
'안녕하세요'에 해당하는 세계 각국의 언어를 스탬프로 찍었습니다.
말을 바꾸면 다른 상황에서도 사용할 수 있어요. → p.129

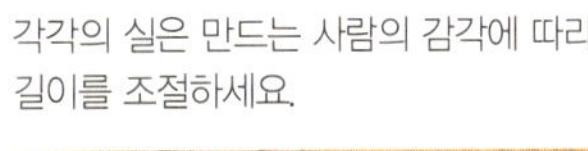

스테인리스 철사로 만드는 기본 틀은 완전히
동그랗지 않아도 괜찮습니다.

각각의 실은 만드는 사람의 감각에 따라
길이를 조절하세요.

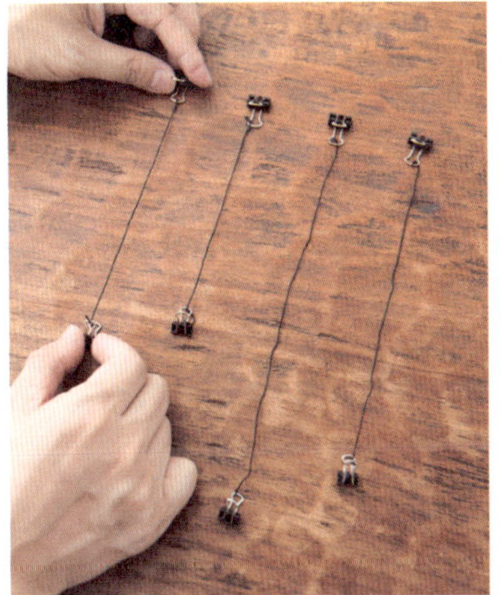

모빌 크기는 글자 크기에 따라
바꿔도 됩니다.

스탬프는 각 언어의 이미지에 따라
서체를 다양하게 바꿔가며 사용하면 좋아요.

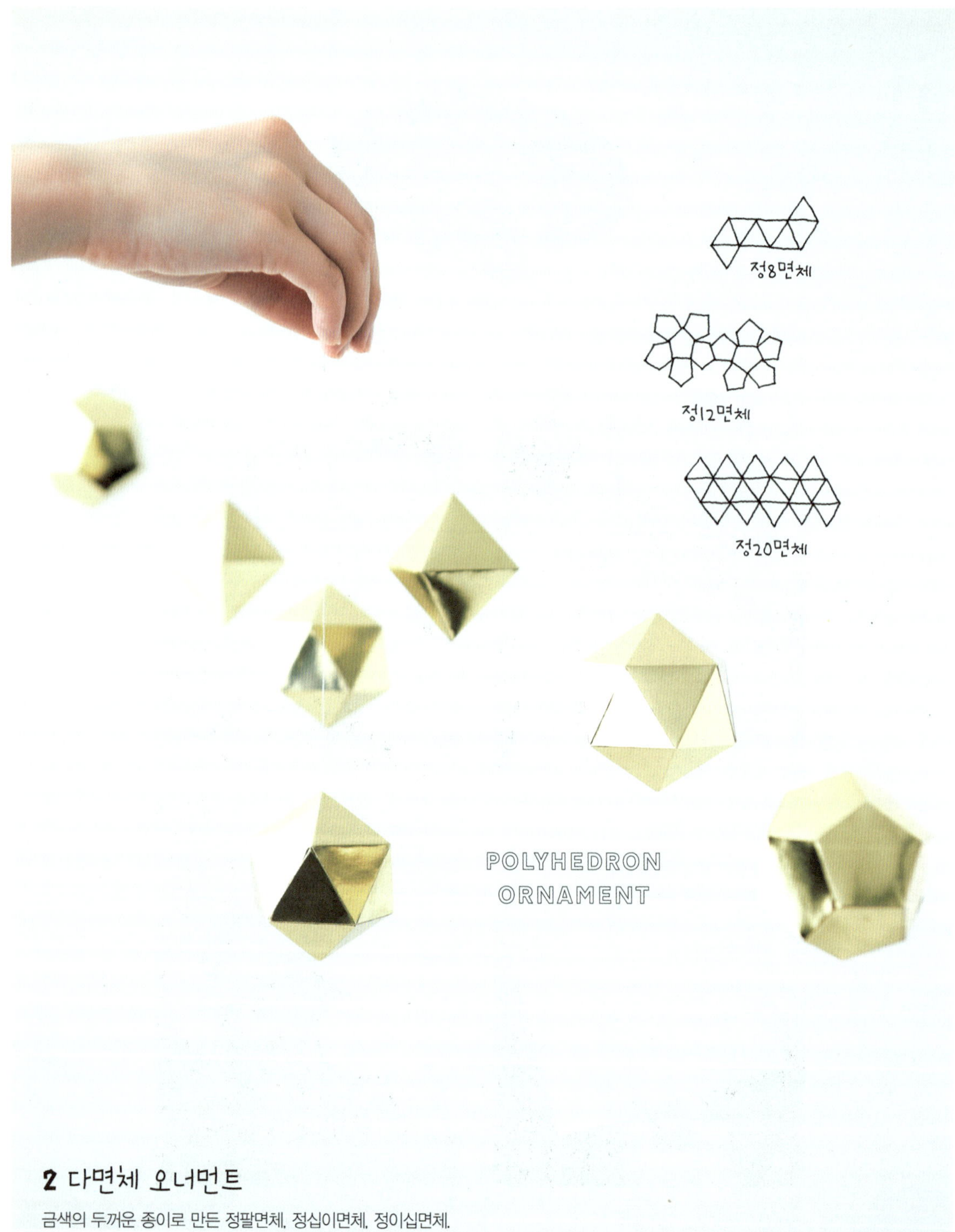

2 다면체 오너먼트

금색의 두꺼운 종이로 만든 정팔면체, 정십이면체, 정이십면체.
설치미술 작품 같은 분위기를 내고 싶을 때 만들어보세요. → p.129

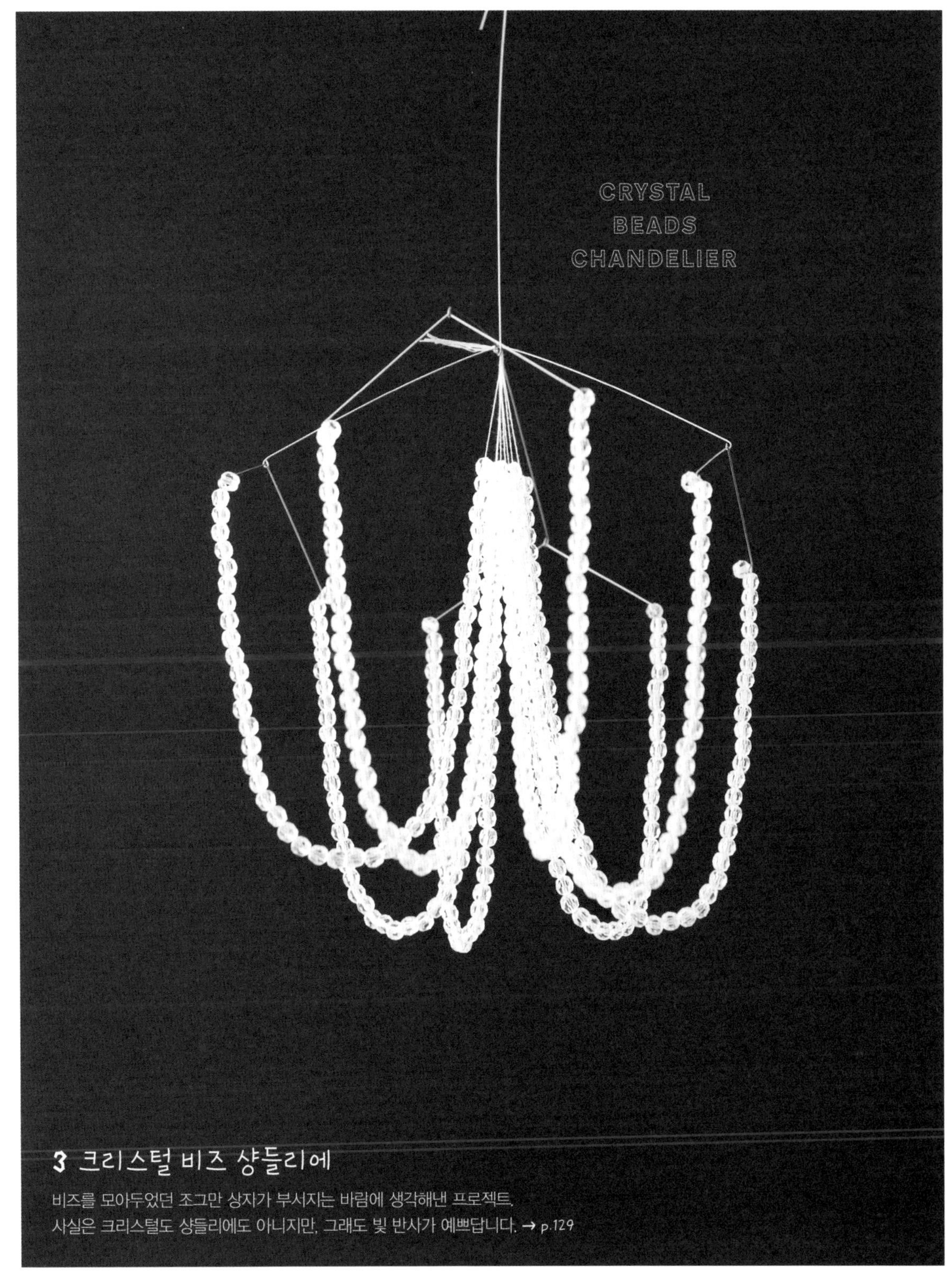

3 크리스털 비즈 샹들리에

비즈를 모아두었던 조그만 상자가 부서지는 바람에 생각해낸 프로젝트.
사실은 크리스털도 샹들리에도 아니지만, 그래도 빛 반사가 예쁘답니다. → p.129

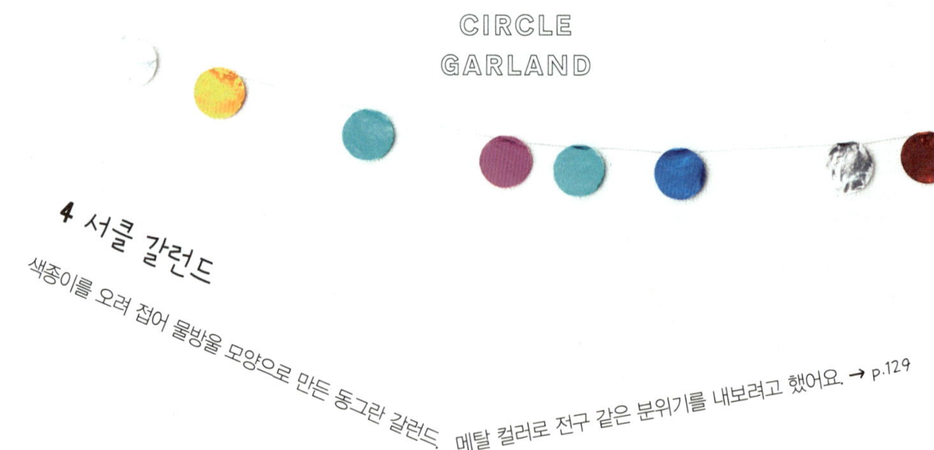

4 서클 갈런드

색종이를 오려 접어 물방울 모양으로 만든 동그란 갈런드. 메탈 컬러로 전구 같은 분위기를 내보려고 했어요. → p.129

*let's make
a garland.*

이것저것 걸어보세요.
방이 훨씬 활기차고 밝아져요.
아이 방에도 잘 어울린답니다.

5 미니 트라이앵글 갈런드

만드는 방법은 서클 갈런드와 같은
작은 삼각형 갈런드. → p.129

6 깃발 갈런드   상상 속의 깃발을 색연필로 그린 독특한 만국기예요. → p.129

7 스타 갈런드 흰색과 회색의 두꺼운 종이를 다양한 별 모양으로 오렸어요. → p.129

8 플래닛 갈런드 색도화지를 잘라 붙여서 마음대로 혹성을 꾸며보았어요. → p.129

9 미니 우산 갈런드 일본 전통의 액세서리로도 모던한 분위기를 만들 수 있답니다. → p.129

10 종이비행기 모빌

예쁜 포장지로 만든 종이비행기를 나무막대기에 걸어 늘어뜨린 모빌.
천천히 움직이는 모빌이 실내에 있으면 공기가 부드러워지는 느낌이 든답니다. → p.130

11 눈송이 장식

종이를 오려서 만든 눈송이.
실로 연결하면 갈런드가 되고, 늘어뜨리면 트리 장식품이 돼요.
액자에 넣어 장식해도 좋아요.
오리는 방법을 살짝 바꾸면 완전히 다른 결정이 생긴답니다. → p.130

12 기하학 모빌

연속된 원색 사각형이 인상적인 모빌.
미술관 상품이나 해외의 지능발달 완구에서 따왔어요. → p.130

짙은 색의 도화지에 출력할 경우
커트라인은 조금 짙고 굵게 합니다.

하나씩 바깥쪽부터
잘라내세요.

종이를 떼내기 전에 실을 짧게 해서
미리 붙여놓는 게 편해요.

13 3D 별 오너먼트

도화지 4장으로 만든 입체 오너먼트.
별 모양은 크리스마스 등 이벤트 때 장식하면 무척 좋답니다. → p.130

14 3D 양 오너먼트

흰색과 검은색 종이를 번갈아 배치한 입체 오너먼트.
눈과 뿔은 오려냅니다. 발까지 있어야 더욱 양처럼 보여요. → p.130

15 3D 하트 오너먼트

역시 입체 오너먼트예요.
가운데가 비어 있기 때문에 무거운 느낌이 들지 않아요. → p.130

16 메시지 갈런드

깃발 모양의 바탕에서 알파벳을 오려낸 갈런드.
글자는 손으로 직접 쓴 것처럼 조금은 삐뚤빼뚤한 모양이 더 좋아요.
이번에는 생일파티용으로 만들었어요. → p.130

17 꽃밭 오너먼트

어릴 적, 자주 사용했던 습자지로 만든 오너먼트.
꽃밭을 떠올리며 나무로 만든 빨래건조대에
가득 걸어보았어요. → p.130

18 종이풍선 오너먼트

오래 간직했던 귀여운 종이풍선을 이용한 오너먼트.
주워온 나뭇가지에 장식하면 인테리어 포인트가 됩니다. → p.130

photo & drawing

추억이 방울방울,
포토 & 드로잉

ORIGAMI
PAPER
PHOTO FRAME

19 색종이 프레임

종이박스에 색종이를 두른 액자.
아주 가볍기 때문에 벽에 붙이기도 쉬워요. → p.131

20 3D 포토

실루엣 부분에 칼집을 넣어 일으켜 세운 3D 사진.
아주 간단한 작업만으로 추억이 생생하게 살아나요. → p.131

21 나무무늬 시트 프레임

진짜 나무가 아니어서 오히려 신선한 액자.
만드는 방법은 앞쪽의 색종이 프레임과 동일해요. → p.131

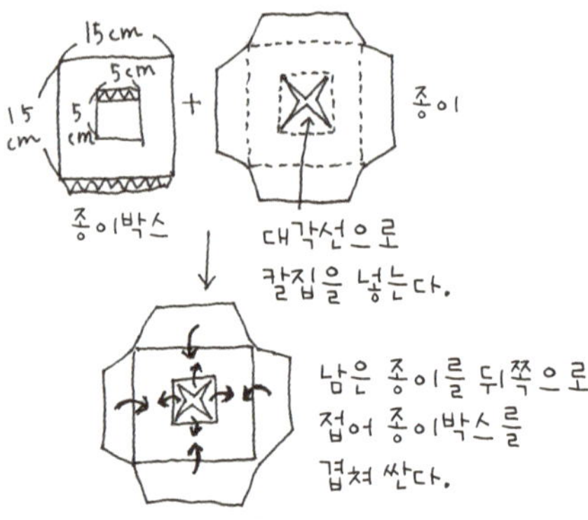

22 가족사진 모빌

가족사진을 소재로 한 모빌.
모두가 즐거운 듯 빙빙 돌아요. → p.131

23 클립 포토 스탠드

더블클립과 나무 빨래집게로 사진을 집기만 하면
완성되는 초간단 액자. → p.131

24 쓱싹쓱싹 데코 사진

사신에 펜으로 그림을 살짝 그려 데코합니다.
밋밋한 사진이 재밌어지기도 하고, 우스꽝스러워지기도 해요.
때로는 환상적인 분위기도 낼 수 있어요. → p.131

25 여행의 추억 갈런드

뉴욕에 여행 갔을 때 찍은 사진을 나무클립에 끼워 벽에 디스플레이했어요.
앨범에 넣는 것보다 여행의 추억이 퇴색되지 않아요. → p.131

26 여행의 추억 컬렉션

여행 다니며 모았던 카탈로그와 티켓,
쇼핑봉투 등을 한데 모아 바인딩했어요.
큰 것부터 차례로 겹치는 게 좋겠죠. → p.131

27 라벨 컬렉션

과일이나 채소의 생산지를 알고 싶어 모으기 시작했어요.
하나하나 개성이 넘쳐나요. → p.131

28 'T'컬렉션

일단 알파벳 'T'만 보면 모았어요.
TUESDAY의 T이자
제 이름의 이니셜 T이기도 하죠. → p.132

29 행운쪽지 컬렉션

중식당에서 식후에 주는 포춘쿠키.
쿠키 속 운세 쪽지에 좋은 글이 적혀 있으면
모아서 간직해보세요. → p.132

30 시들지 않는 포토 플라워

사진으로 찍어 인화한 꽃들. 시들지 않는 꽃도 때론 괜찮겠죠.
컬러 출력용지에 흑백으로 출력하면 색다른 분위기가 연출돼요. → p.132

31 꽃을 품은 유리병

평소에는 꽃병으로 사용하던 유리병인데
안에 사진을 넣어 액자로 사용해보았어요. → p.132

32 도트 스티커 프레임

점점 늘어가는 아이의 그림은 아무데나 쉽게 붙일 수 있는
도트 스티커를 사용해 장식하세요.
스티커는 예쁜 색과 심플한 모양으로 고르세요. → p.132

33 클립보드 프레임

그림을 나무 클립보드에 끼우기만 하면 돼요.
세워놓거나 벽에 장식할 수 있는
간편한 프레임이에요. → p.132

34 스티로폼 프레임

살짝 튀어나온 느낌이 갤러리의 작품 같지 않나요?
옆면까지 사진을 접어 감싸주세요. → p.132

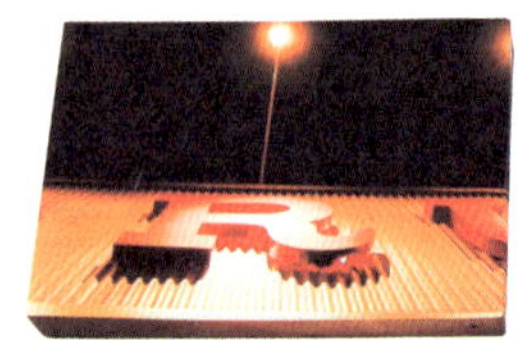

35 도일리페이퍼 프레임

케이크나 과자 등을 놓는 데 사용하는 도일리페이퍼에
흑백사진을 붙여보세요. → p.132

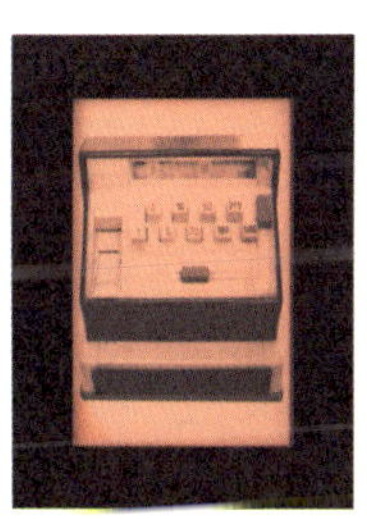

36 추억의 장난감 사진

아이가 지금보다 더 어렸을 때 애용하던
장난감을 사진으로 담아보세요.
추억의 장난감 사진으로 방을 꾸미면
이이가 무척 솧아할 거예요. → p.132

37 9분할 프레임

1장의 큰 미술품을 장식하는 것은
여러 가지로 어려움이 있지만
9분할하면 쉽게 장식할 수 있어요. → p.133

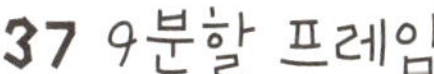

38 스마일 콜라주

아기 때부터 모은 낙서 중에서 미소 띤 얼굴만을 모아
콜라주 기법으로 액자에 넣었어요. → p.133

39 컬러풀 프레임

형광 혹은 밝고 화려한 색상의 도화지로 만든 프레임이에요.
그림에도 사진에도 잘 어울린답니다. → p.133

귀여운 포토프린트 백은 잉크젯용 천에
사진을 인화하고 리넨 조각으로
바느질해 만든 것.
아이나 애완동물 사진을 보내주는
친구에게 선물하거나,
우리 집 고양이 사진으로 만들어
즐길 수 있어요.

촬영협조 오하시 와타루(大橋渉)

Yumiko Sekine

Tokyo, Japan
Owner of fog linen work
www.foglincnwork.com

시모기타자와下北沢에 있는 리넨 가게 '포그 리넨 워크fog linen work'의 주인인 세키네 유미코関根由美子 씨. 우리들은 fog의 카탈로그 디자인을 여러 해 동안 담당하면서 그녀의 가게와 집을 자주 방문했답니다. 그녀는 어쩌다 시간이 나서 핸드메이드를 시작하면 너무 즐거워 자신도 모르게 푹 빠져버린다고 합니다. 이번에는 느긋한 휴일에 만들 수 있는 간단하고 세련된 잡화를 소개해주었습니다.

왼쪽 위부터, 편지 세트, 책갈피, 북 커버, 에코백, 캘린더, 명함을
만들어주었어요. 모든 아이템에 그녀의 사진에서 드러나는
편안함이 가득해요.

HANDMADE PEOPLE ②

Marisa
Shimamoto

Tokyo, Japan
Photographer
www.marisashimamoto.com

잡지를 비롯해 다양한 분야에서 활약 중인 사
진작가 시마모토 마리사嶋本麻利沙 씨. 그녀가 찍
어낸 일상의 투명함과 청량함, 담담한 풍경은
아주 근사하죠. 그녀는 개인적으로도 무척 매
력적인 사람이에요. 이번에는 그녀만의 부드
러운 분위기의 사진을 이용해서 핸드메이드
잡화를 만들어주었어요.

interior accent

홈 스위트 홈,
인테리어 악센트

40 빗방울 머금은 구름 월데코

벽을 하늘 삼아 만든 커다란 월데코.
벽지를 바꾸지 않고도 방 분위기를 확 바꿀 수 있어요. → p.133

41 이니셜 쿠션

민무늬 쿠션에 가족의 이니셜을 스티치했어요.
자기만의 쿠션이 생겼다고 아이가 무척 좋아한답니다. → p.133

42 도형 커튼

네 가지 색의 펠트를 단순한 모양으로 오려 연결한 커튼.
다양한 배색에 도전해보세요. → p.133

GEOMETRIC
CURTAIN

43 스티치 네임플레이트

아이 방을 알리는 네임플레이트를 스티치로 만들었어요.
자수틀을 그대로 문에 붙이는 것이 포인트예요. → p.133

STITCHED
NAME SIGN

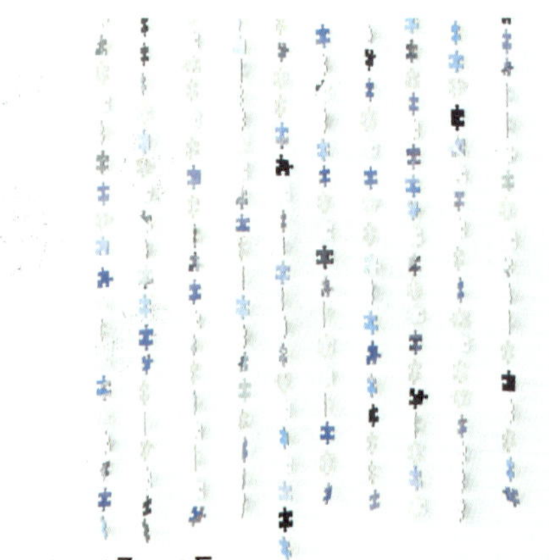

44 퍼즐 커튼

이 커튼은 퍼즐조각으로 만들었어요.
참고로 퍼즐을 완성하면
남미의 아름다운 산 풍경이 돼요. → p.133

PUZZLE
CURTAIN

45 트럼프 커튼

트럼프를 아일릿으로 연결해 만든 커튼.
장소나 분위기에 맞춰
길이를 늘이거나 줄일 수 있어요. → p.133

PLAYING CARD
CURTAIN

46 트리 데코

길에서 주운 나뭇가지에 셀로판지로 접은 학, 방울, 알파벳을 매달아 장식했어요.
다양한 소품을 매달아 분위기를 연출할 수 있답니다. → p.134

47 스텐실 커튼

하얀 더블거즈 원단에 직접 만든 스텐실로
삼각형을 아로새긴 커튼이에요.
크기와 색상은 원하는 대로 마음껏. → p.134

48 맵 커튼

펠트와 스티치로 그려낸 맵 커튼.
각자 우리 집 주변의 지도를 만들어도
좋을 것 같네요. → p.134

49 리본 땋기 커튼

새틴이나 면 등 다양한 소재와 색상의 리본을 땋아서 늘어뜨린 커튼이에요. → p.134

50 미니 텃밭 디스플레이

남은 채소를 이용한 미니 텃밭 디스플레이.
작은 공간에도 만들 수 있기 때문에 관상용으로 추천합니다.
물론 요리에 사용하기도 좋아요. → p.134

51 심플 자갈 아트

강에서 주운 자갈에 물감으로 색을 입혔어요.
줄무늬나 물방울 같은 심플한 무늬를 그리거나
베이지 혹은 블루 계열로 색을 맞추는 것도 좋아요. → p.134

52 방울 꽃-습자지

습자지로 만든 방울 꽃.
미모사를 만들어봤어요. → p.134

53 방울 꽃-털실

방울 꽃이라면 역시 털실이 제격이죠.
꽃병에 꽂아 장식해보세요. → p.134

54 바람개비 꽃

색종이로 만든 풍차.
조화처럼 꽃병에 꽂아 장식해보세요. → p.134

55 미니 목장

곡물을 재는 데 사용하는 되 속에
초목 사진을 붙이고 동물 인형을 놓기만 하면 조그만 목장이 완성됩니다.
벽에 포인트를 줄 인테리어 소품으로 제격이에요. → p.135

4살짜리 아들 어거스트 군이 그린 슈퍼히어로에 솜을 넣어
폭신폭신한 인형으로. 씩씩하고 매력적인 그림이 더욱 생생해졌습니다.
요정이나 동물도 똑같이 만들 수 있을 것 같네요.

이것들은 최근 그녀의 마음을 사로잡은
패치워크 퀼트. 헝겊을 사용한 포트 홀더.
저마다 다른 폭의 천을 조합하는 게
재미라고 합니다.

Lotta Jansdotter

Brooklyn, U.S.A.
Textile & Surface Designer
www.jansdotter.com

일본에서도 친숙한 텍스타일 & 표면 디자이너
인 로타 얀스도터 씨. 우연한 기회에 함께 일
을 한 이래로 벌써 7년. TUESDAY에게 책과
카탈로그, 웹사이트 디자인을 맡겨주었습니
다. 그녀의 자연적이면서도 세련된 디자인에
늘 자극을 받고, 온몸에 넘치는 긍정적인 아우
라에서도 힘을 얻습니다.

여름 분위기가 물씬 나는 면과
리넨 스커트에 꽃 모양을
스텐실로 페인트.
한 번에 너무 많은 잉크를
칠하지 않는 게
포인트랍니다.

fashion & accessory

반짝반짝 빛나는,
패션 & 액세서리

56 드로잉 티셔츠

옷감용 금색 사인펜으로 간단한 패턴을 그렸어요. → p.135

57 스텐실 티셔츠

스텐실로 리본 무늬를 페인트했어요. → p.135

58 일러스트 티셔츠

옷감용 검정 사인펜으로
집에 있는 물건들을
일러스트로 그려봤어요. → p.135

59 도형 스티치 스웨트셔츠

녹색 스티치로 동그라미, 삼각형, 사각형을 배치했어요. → p.135

60 별 스티치 스웨트셔츠

손을 떼지 않고 이어 그린 별을
흰색 실로 스티치했어요. → p.135

61 도일리 티셔츠

하얀 티셔츠에 도일리를 꿰맸습니다.
참고로 이 도일리는
옛날에 저의 어머니가 만드신 거예요. → p.135

62 리본 탱크톱

새틴 리본을 꿰맸어요.
리본은 길이가 좀 있는 게
귀엽답니다. → p.135

63 구름 아플리케 탱크톱

스트라이프 헝겊을 구름 모양으로 잘라
아플리케 했어요. → p.135

64 드로잉 탱크톱

옷감용 사인펜으로 그린
심플한 줄무늬. → p.135

65 스팽글 탱크톱

삼색 스팽글 테이프를 바느질해서 로고를 새겼어요. → p.135

66 집 아플리케 스커트

클래식한 그림책에 나올 것만 같은 집 모양의 아플리케.
만든 사람의 감성이 느껴져서 어른스러우면서도 귀여워요. → p.136

67 제비 아플리케 스커트

이번에는 제비 모양의 아플리케로 꾸몄어요.
치마 주름마다 한 마리씩 새겨보세요. → p.136

STITCHED
SKIRT

68 스티치 스커트

옥션에서 낙찰된 평범한 회색 스커트에 영어로 요일을 스티치했어요.
실의 색과 굵기를 최대한 옅고 가늘게 해서 심플하게 마무리했습니다. → p.136

스티치의 위치는 일단 종이에 쓴 다음
스커트에 배치해봅니다.

시간이 지나면 지워지는 초크펜을 사용하면
실패할 염려 없이 밑글씨를 쓸 수 있어요.

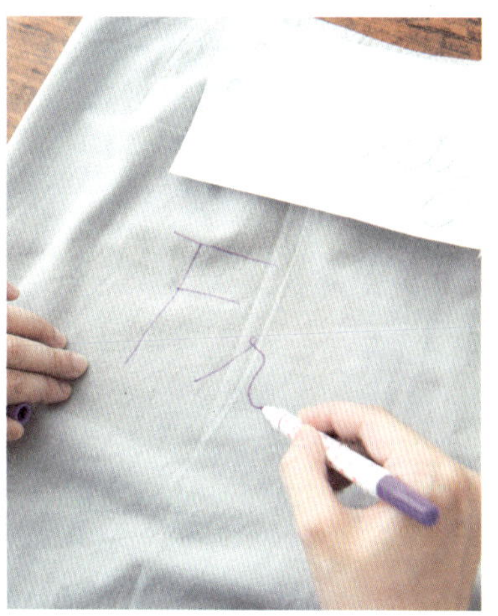

자수틀로 옷감을 판판하게 고정하면
스티치하기 쉬워요.

백 스티치로 부드럽게
마무리합니다.

69 손글씨 노랫말 에코백

무늬 없는 에코백에 '작은별'의 노랫말을
옷감용 사인펜으로 그렸습니다.
손글씨 느낌을 살리기 위해서
글자에 그림자를 더했어요. → p.136

70 다이아몬드 아플리케 에코백

심플한 다이아몬드를 아플리케 했어요. → p.136

71 꽃 스팽글 에코백

금색의 별 모양 스팽글을 꿰맸어요.
꽃송이가 새겨진 것 같아요. → p.136

72 도넛 페인팅 에코백

대담하게 도넛을 그려보았어요. → p.136

73 봉투 포켓 에코백

가방과 동일한 면 소재로
봉투 모양의 주머니를 만들어 붙였어요. → p.136

74 캐릭터 양말-당나귀

멍한 얼굴이 귀여운 캐릭터 양말. 발을 보면 절로 웃음이 터져요.
다양한 캐릭터를 만들어 양말 파티를 해도 좋을 듯! → p.136

75 캐릭터 오븐장갑-말

이번에는 오븐장갑을 이용해 말을 만들어봤어요.
이것은 갈색 갈기를 가진 말? → p.137

76 버튼 파우치

여기저기서 사 모은 단추를
자주 쓰지 않는 파우치에 달았어요.
지금은 완전히 마음에 쏙 드는
아이템으로 변신! → p.137

77 스텐실 슬리퍼

두꺼운 종이로 직접 만든 스텐실 플레이트를 사용해
무늬 없는 슬리퍼에 'GUEST'라는 글자를 새겼어요. → p.137

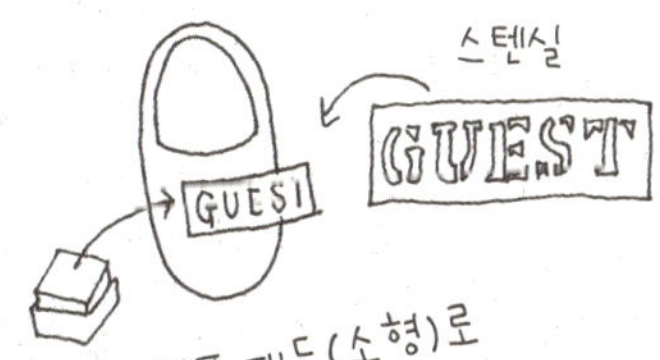

옷감용 스탬프 패드(소형)로
직접 통통 두드립니다.

78 미니어처 장난감 목걸이

작은 장난감에 체인을 거는 것만으로 완성되는 목걸이.
과자를 사면 주는 인형이나 열쇠고리 장식 등으로 만들 수 있답니다. → p.137

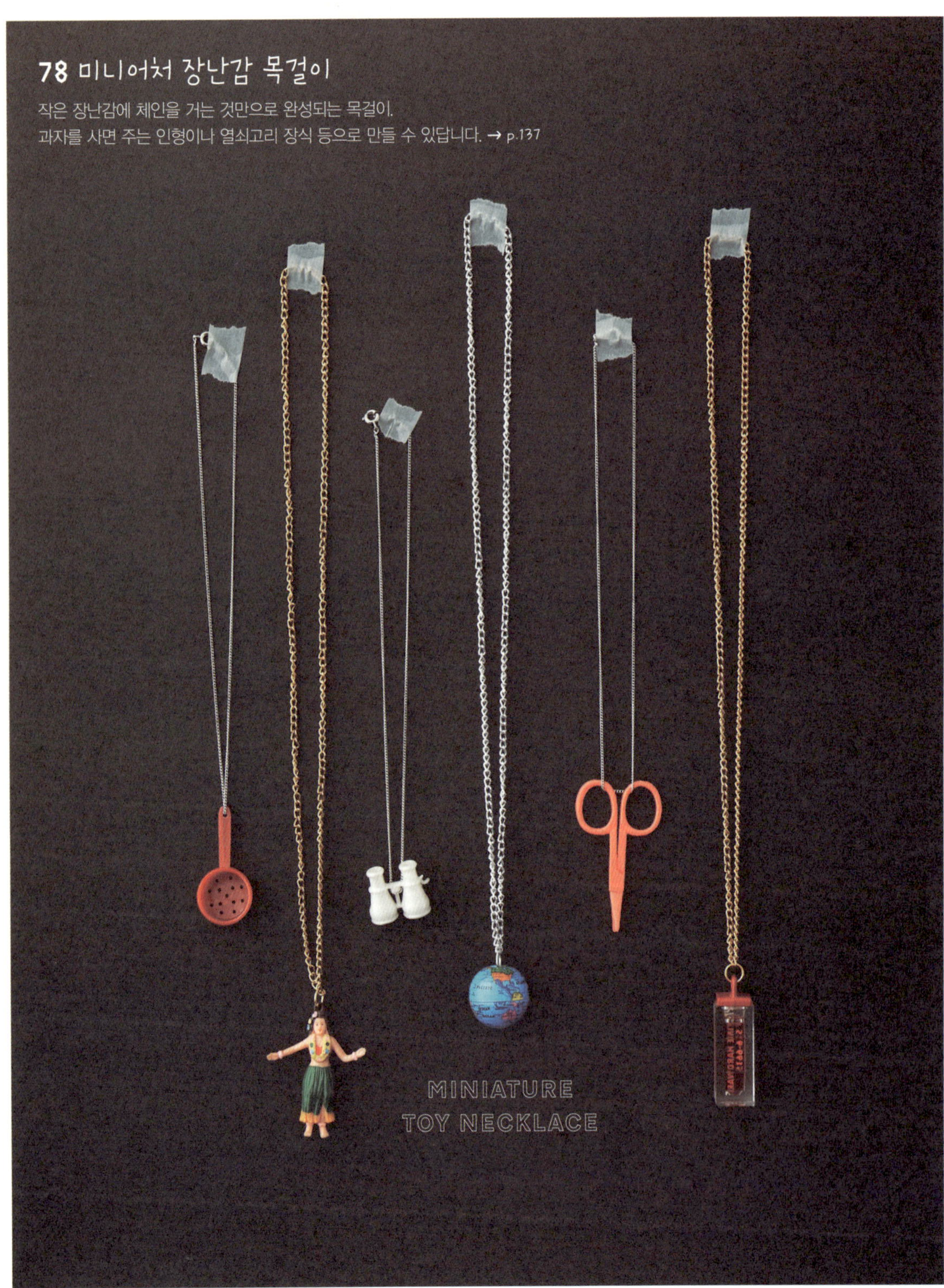

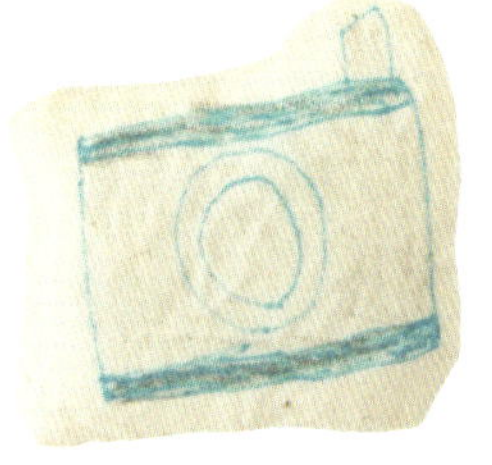

79 폭신폭신 그림 브로치

조각 천에 부드러운 형형색색의 일러스트를 그려서 만든 브로치.
솜을 넣어 폭신폭신한 느낌이 아주 좋답니다. → p.137

80 실루엣 브로치

두꺼운 펠트를 심플한 모양으로 잘라낸 브로치.
모양이 귀엽기 때문에
색은 조금 어른스러운 분위기로. → p.137

81 꼬마 장난감 브로치

과자를 사면 주는 장난감 뒤에 핀을
붙이기만 하면 되는 간단한 브로치예요. → p.137

82 컬러 단추 목걸이

이따금 단추 사이에 간격을 두는 것이
포인트예요. → p.137

84 단추 액세서리 세트

목걸이, 팔찌, 헤어클립 세트를 같은 단추로
만들어봤어요. 세트로 착용하면 살짝
화려한 분위기를 낼 수 있어요. → p.137

83 단추 헤어클립

단추를 똑딱핀에 실로 달았어요.. → p.137

85 단추 헤어고무줄
단추와 고무줄의 색을 다양하게 매치해보세요. → p.137

86 플라스틱 체인 팔찌
어린 시절, 고리 던지기 놀이를 할 때
사용했던 플라스틱 링.
추억이 깃든 분위기가 정겨워요.
→ p.138

87 단추 헤어핀
귀여운 단추는 그 자체로 액세서리가 되죠. → p.138

88 이름표 헤어클립

똑딱핀을 펠트로 감쌌어요. 이름을 스티치해도 좋아요. → p.138

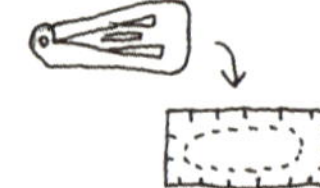

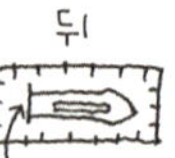

뒤

핀을 2장의 펠트로
감싸 꿰맵니다.

칼집을 넣어 칼집 사이로
핀의 똑딱 부분을 꺼냅니다.

89 데코 헤어클립

똑딱핀을 펜으로 자유롭게 꾸몄어요. → p.138

90 펠트 꽃 헤어클립

펠트와 단추로 꽃을 만들었어요. → p.138

91 종이꽃 헤어핀
다양한 종이를 조합해 만든 형형색색의 헤어핀.
종이로 만들기 때문에 아주 디테일한 부분까지 만들 수 있어요 → p.138

7살인 테오 군은 할머니댁에 있는 강아지, 알바를 무척 좋아합니다.
알바를 만나지 못해 안타까워하는 테오 군을 위해
셔츠에 다림질로 전사(轉寫) 프린트를 했습니다.
전사 프린트는 그림의 좌우가 바뀐다는 것을 잊어서는 안 됩니다.

HANDMADE PEOPLE ④

1살 반인 요이 군을 위한 포토 테이블매트.
가족사진을 모아 콜라주한 뒤 코팅했습니다.
원래는 요이 군의 끈적한 손과 늘 흘리는 음식찌꺼기로부터
테이블보를 지키기 위해 생각한 것인데
식사에 집중할 수 있게 되어
큰 도움이 된다고 하네요.

Jenny Hallengren

Stockholm, Sweden
Photographer
www.jennyhallengren.se

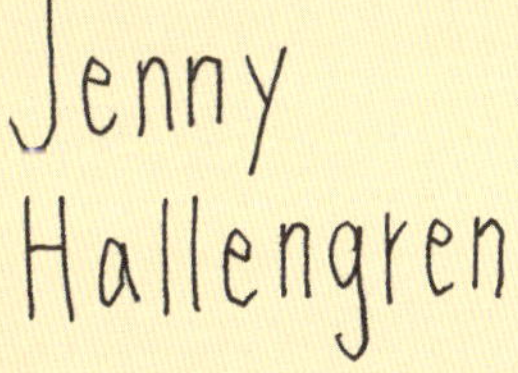

로타 씨의 어릴 적 친구이자 스톡홀름에 살고 있는
사진작가 제니 할렌그렌 씨. 로타 씨의 책 작업에서
알게 된 사이입니다. 제니 씨가 찍은 사진은 무척 깨
끗하고 아름다운데 핸드메이드 작업도 독창적이고
아주 멋집니다. 종잇조각이나 남은 실, 천 조각 등을
늘 가지고 있다가 많은 것들을 직접 만들어냅니다.

TeDe

(Tetsushi Inoue & Kristina Detwiller)
Oita, Japan
Furniture & Textile Designers
www.tede.jp

샌프란시스코에서 룸메이트로 만난 가구 디자이너 데쓰시와 텍스타일 디자이너 크리스티나. 테이블, 의자, 선반, 커튼 등 생활에 필요한 가구를 직접 만드는 TeDe의 두 사람. 지금은 부모님과 함께 오이타의 이다^{飯田} 고원에서 창작활동을 하면서 카페와 갤러리를 운영하고 있습니다.

생활공간에 있는 램프, 낮은 테이블, 쿠션, 커튼, 도마도
전부 TeDe가 직접 만든 작품. 나무와 옷감을 다루는 두 사람이
손을 잡으면 무엇이든 만들 수 있습니다.

stationery

92 지우개 스탬프 봉투

지우개를 칼로 조각해 스탬프를 만들고, 그 스탬프로 봉투를 꾸몄어요.
내 이름을 새긴 스탬프를 만들어두면 여러모로 편리하답니다. → p.138

93 잎사귀 책갈피

펠트로 만든 잎사귀 책갈피. 잎의 줄기는 스티치로 표현했어요.
스티치 뒷면이 보이지 않게 하기 위해 종이를 덧대는 게 포인트예요. → p.138

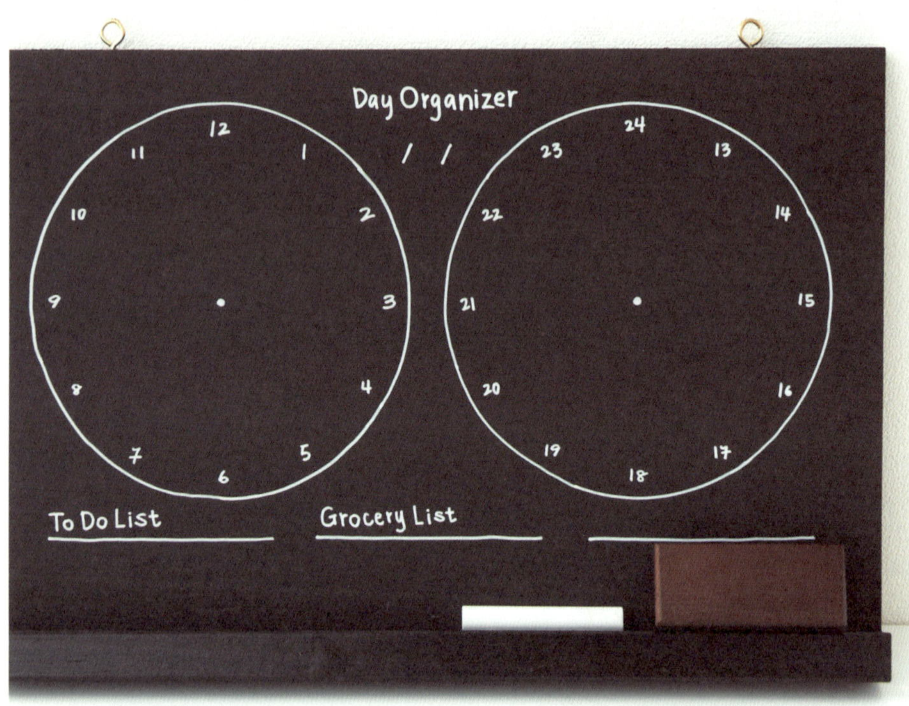

94 오거나이저 보드

기성품의 작은 칠판에 흰색 펜으로 템플릿을 그린 일정관리 보드.
할 일이나 쇼핑목록을 써놓을 수 있어요.
이것으로 하루를 알차게 보낼 수 있답니다. → p.138

95 손그림 라벨

라벨을 손으로 직접 그려 만들었어요.
색이나 모양을 자유자재로 꾸밀 수 있답니다.
1장만 그려 스캔하면 같은 라벨을 여러 장 출력할 수 있어요. → p.138

96 단추 여밈 노트

가방 안에서 펼쳐지지 않도록 노트, 스크랩북, 앨범에 단추를 달았어요. → p.138

97 크레용 커버

그림을 그릴 때 사용하는 크레용은 모두 비슷한 제품을 가지고 있기 때문에
누구 것인지 헷갈리기 쉽죠. 그래서 도화지로 나만의 커버를 만들었어요. → p.139

98 손그림 편지 세트

손글씨뿐만 아니라 손그림의 정취까지 담은 심플한 패턴의 편지 세트.
1장을 그려 스캔해두면 같은 세트를 계속 출력해서 사용할 수 있어요. → p.139

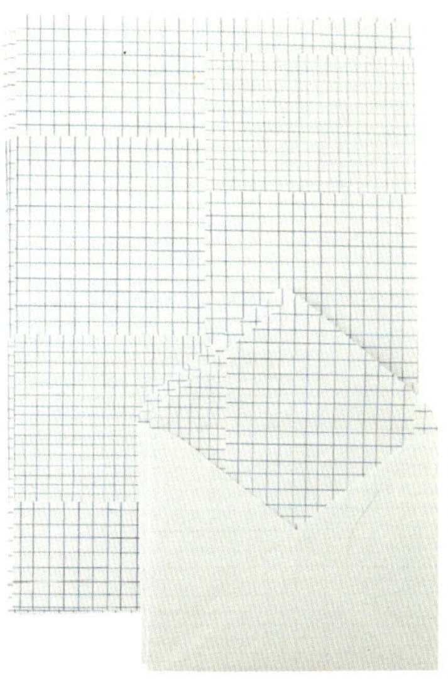

손그림의 정취를 살려
별 생각 없이 자유롭게 그립니다.

좋아하는 모양의 봉투를 펼쳐서
샘플로 삼아 똑같이 잘라냅니다.

종이를 바꾸면 분위기가 달라지니
다양한 종이로 도전해보세요.

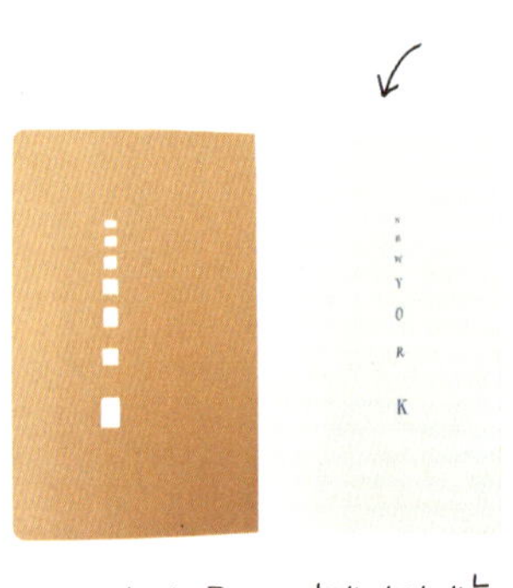

표지에는 창문

|페이지에는
타이틀 글자

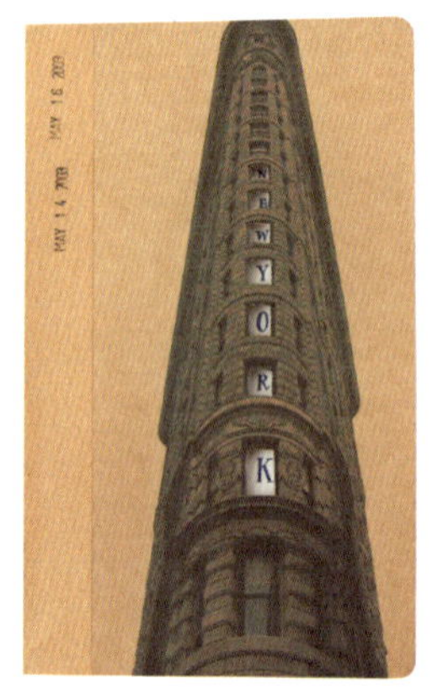

99 윈도우 여행 수첩

표지에 여행의 상징이었던 사진을 붙인 여행 수첩.
타이틀은 오려낸 창문을 통해 보이도록 했어요. → p.139

100 북커버 시트

컬러 용지에 심플한 무늬를 그린 북커버.
컴퓨터로 그린 뒤 출력해도 되고 손으로 그려 복사해도 돼요.
책장에 꽂힌 책들의 커버가 통일되어 있으면 기분이 좋죠. → p.139

101 CD/DVD 앨범

사진 데이터가 들어 있는 CD/DVD를 정리하기 위한 앨범.
CD/DVD 넣은 봉투를 더블링으로 제본했어요. → p.139

102 DIY 명함

싱품 태그나 과자 포장지에 라벨을 붙여 직접 만든 명함.
회사에 다니지 않는 주부나 학생도 손쉽게 명함을 가질 수 있어요. → p.139

103 심플 바인딩 노트

아주 간단한 방법으로 제본된 노트.
링을 달거나 더블클립으로 묶기만 해도 멋지게 제본할 수 있어요. → p.139

104 아이콘 수납 케이스

성냥갑 크기의 수납 케이스. 아이콘으로 내용물을 금방 알 수 있어요.
뒤에 지석시드를 붙여 책상 주변에 붙여놓고 사용하세요. → p.139

105 미니 봉투 만년 캘린더

글라신지(얇은 반투명 종이)로 만든 미니 봉투를 가로 7칸, 세로 7줄로 재봉한 만년 캘린더.
새로운 달을 맞이할 때마다 어떤 달이 될지 생각하면서 문자 카드를 바꿔보세요. → p.139

106 행거 캘린더

다양한 종이에 여러 가지 스탬프로 찍어 만든 캘린더를
스커트용 행거에 끼워서 완성한 내 맘대로 캘린더. → p.140

107 단어장 만년 캘린더

월, 일, 요일을 스탬프로 찍은 3개의 단어장을
링에 걸어 매달아두는 만년 캘린더예요. → p.140

108 윈도우 캘린더

날짜를 타이핑한 노란색 도화지에
창문 모양으로 잘라낸 흰색 도화지를 겹친
연간 캘린더. → p.140

위의 'MAIA' 오브제는
명찰 라벨을 모아 만든 것입니다.
친구들이 딸 마이아를 낳았을 때
만들어주었다고 합니다.
그 후 파티나 평상시에
놀러 온 친구들이 사인을 하고 가서
점점 이름이 늘어나
더 즐거운 작품이 되었습니다.

아래의 'M'이 적힌 문패는
캔버스에 빨간 유성 페인트로 써서
와이어에 매단 것.
유성 페인트라 폭신한 느낌이 나서
딸 마이아가 잘 만지고 논다고 합니다.

현재 로스앤젤레스를 중심으로 활동 중인 사진작가, 메이코 다케치 아르키요스 씨. 샌프란시스코에 살면서 서로 알게 되었고 로타 씨의 일로도 몇 번 함께했습니다. 대중적이고 밝은 느낌에, 조금 유머러스한 분위기가 특징인 그녀의 사진은 보는 것만으로 미소가 지어집니다. 인테리어와 패션을 포함해 다양한 분야에서 뛰어난 감각을 가지고 있는 메이코 씨. 아이가 생긴 뒤에는 진미를 돌아다니는 바쁜 촬영 일정 속에서도 핸드메이드를 즐길 시간이 늘었다고 합니다.

Meiko Takechi Arquillos

Los Angeles, U.S.A.
Photographer
www.meikophoto.com

toy

소박한 재미주의자,
장난감

109 두리번두리번 미니카

미니카에 1000원 숍에서 찾은 눈알 단추를 붙여봤어요.
각각 캐릭터가 생겨 금방이라도 스스로 움직일 것만 같아요. → p.140

110 변신! 나무블록 박스

나무블록을 넣어두면 '집', 나무블록으로 놀 때는
'거리'가 되는 전천후 나무블록 상자를 종이박스로 만들었어요.
나무블록은 다양한 색의 도화지로 감쌌고요. → p.140

111 생생 낚시놀이

물고기 사진으로 만들어 어른들도 충분히 즐길 수 있는 낚시놀이 도구예요.
뒷면에도 같은 사진을 뒤집어 붙여야 한다는 것을 잊지 마세요. → p.140

112 정크푸드 토이

정크푸드 사신을 출력해서 종이박스에 붙인 것.
이 정도라면 아빠도 놀이에 참여하기 쉽지 않을까요? → p.140

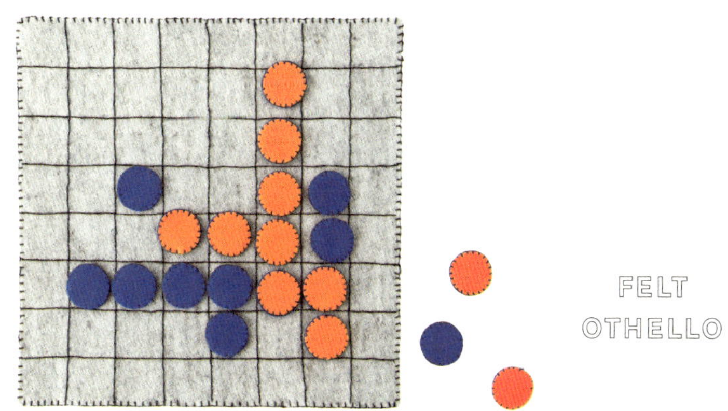

113 펠트 오셀로

흰색과 검은색이 아니어도 좋아요. 오랜지색과 파란색 펠트로 만든 오셀로.
색 조합을 자유롭게 해보세요. → p.140

114 팝업 ABC 카드

알파벳을 사용한 언어 이미지를 다양한 도화지로 표현한 팝업 카드. → p.140

카드를 닫았을 때 알파벳이
튀어나오지 않도록 디자인하세요.

공기가 들어가지 않도록 주의해서
풀을 바릅니다.

장식은 취향대로
마음껏 하세요.

CARDBOARD
STREET

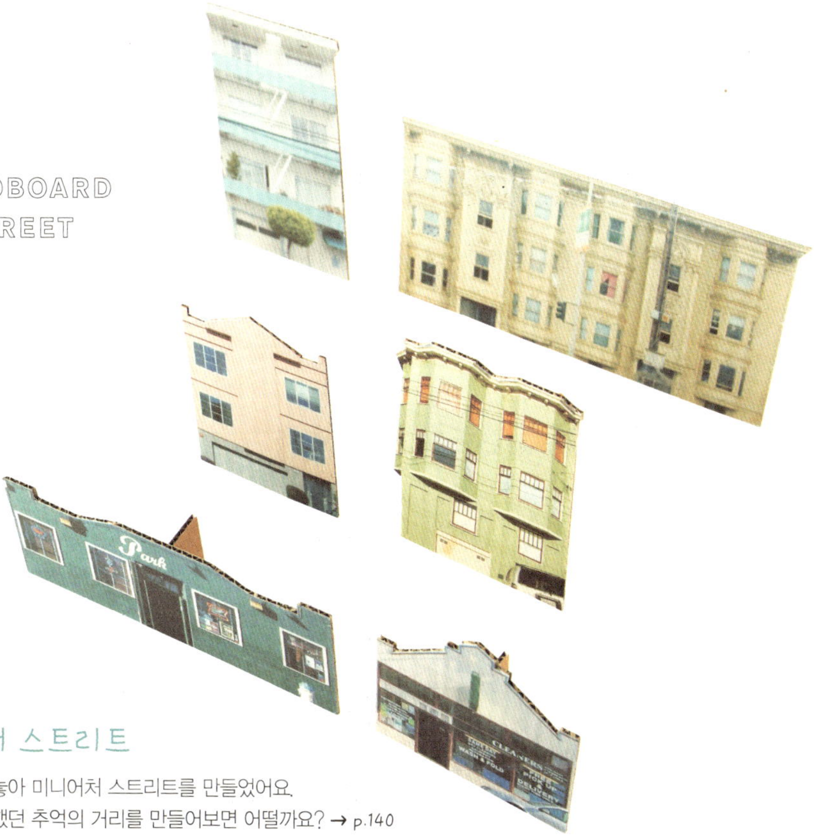

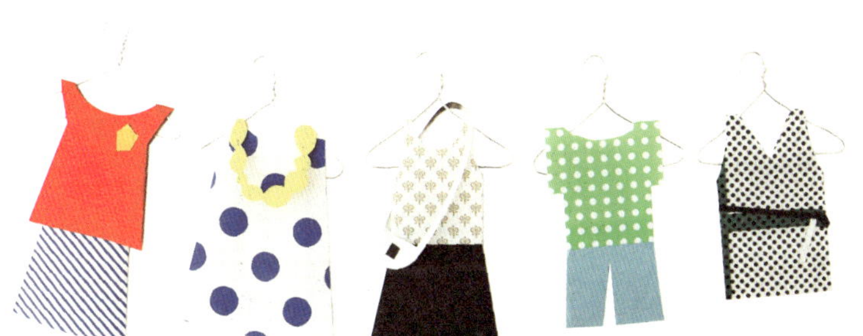

115 미니어처 스트리트

출력한 사진을 늘어놓아 미니어처 스트리트를 만들었어요.
나만의 거리나 여행했던 추억의 거리를 만들어보면 어떨까요? → p.140

MINIATURE
PAPER
CLOTHES

116 미니 드레스룸

종잇조각으로 만든 다양한 옷과 액세서리들. 종이옷이라서 코디하기 쉬워요. → p.141

117 추억 표본

바다나 공원에 갔을 때 주운 것이나 별 생각 없이 모은 잡동사니를 표본으로 만들어봤어요.
즐거운 추억은 눈에 보이는 형태로 만들어 간직하고 싶지요! → p.141

MEMORY
COLLECTION
BOX

118 속임수 잡화점

펠트, 솜, 도화지로 각종 식료품을 만들었어요.
포장용기를 재활용하고 가격표까지 세밀하게 재현했어요.
진짜 같은 장보기 놀이는 어떤가요? → p.141

HANDMADE PEOPLE ⑦

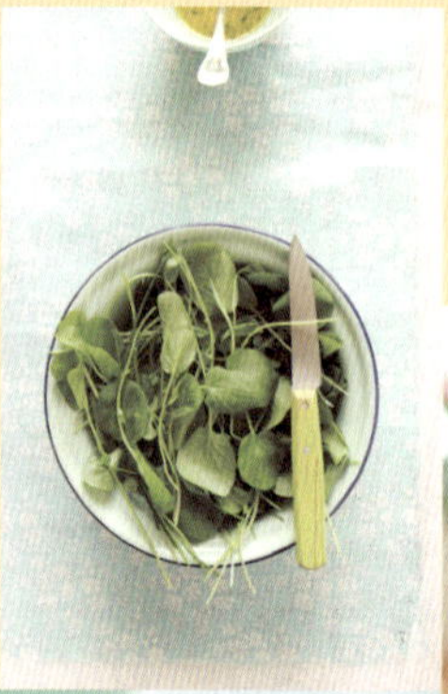

직접 키운 채소와 콩을 사용한 건강한 요리.
건강식으로 인기가 많은 수수밥에
찐 완두콩, 아스파라거스, 누에콩을 올린 뒤
세 종류의 허브와 마늘을 넣은
머스터드 레몬 비네그레트 드레싱을 끼얹었습니다.

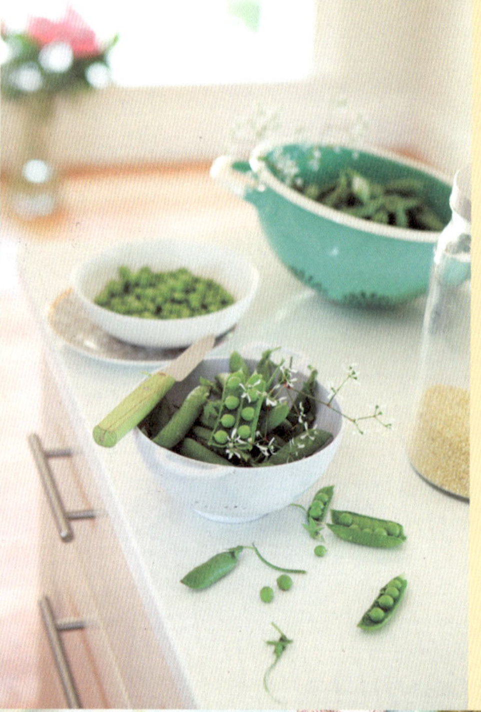

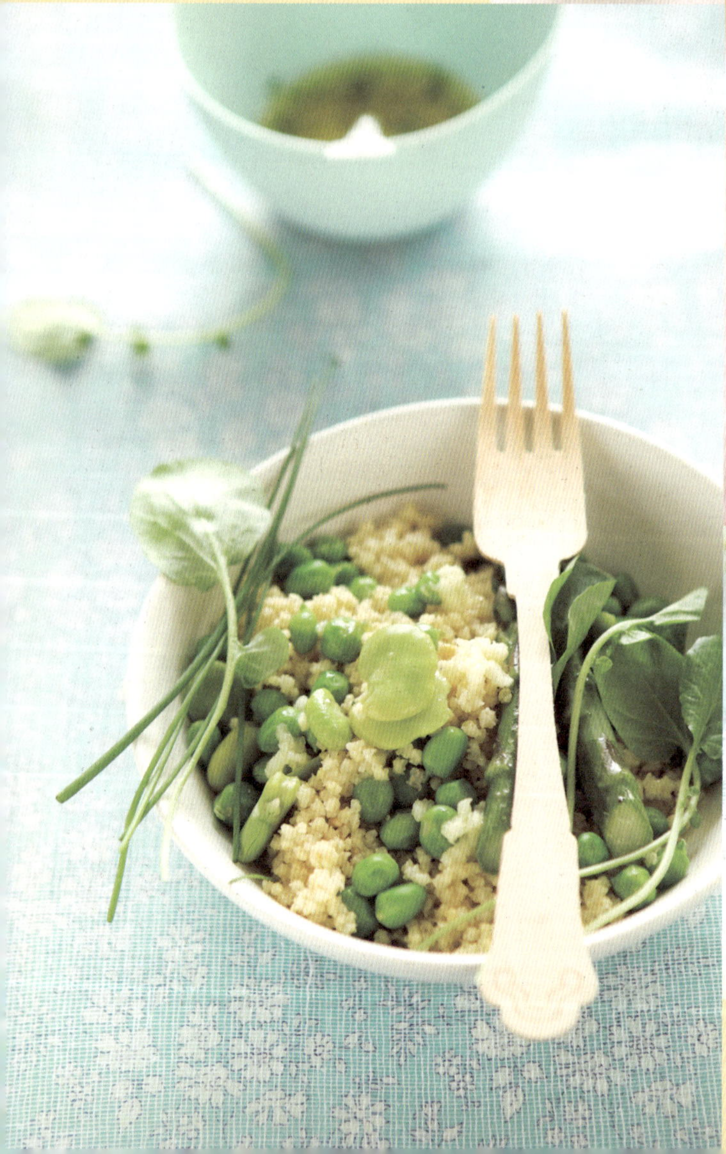

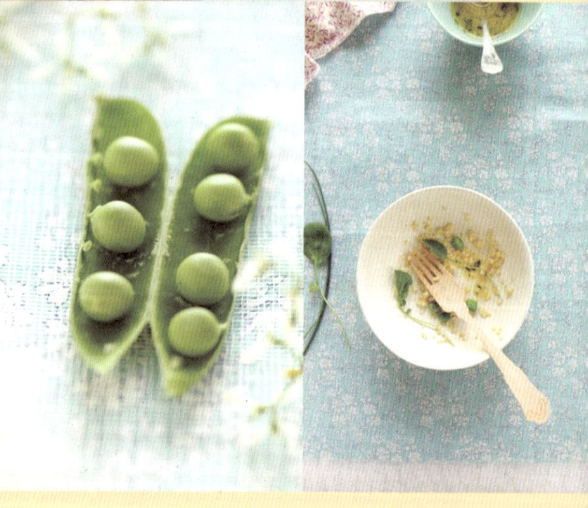

Béatrice Peltre

Boston, U.S.A.
Food Writer, Stylist and Photographer
www.beatricepeltre.com
www.latartinegourmande.com

사랑하는 딸 루루와 함께 만든
헤이즐넛 초콜릿 피낭시에.
이것 역시 글루텐 프리.

미국에서 인기인 푸드 라이터이자 스타일리스트, 사진작가인 베아트리스 펠트르 씨. fog의 세키네 씨를 통해 소개받았습니다. 친환경 재료를 이용한 신선한 요리, 세련된 스타일링, 선명한 사진, 그 배경에 있는 매력적인 생활. 모든 것이 멋집니다. 실은 아직 만난 적이 없는데 언젠가 보스턴 자택에 방문하고 싶습니다.

HANDMADE PEOPLE ⑧

이제까지 발표해온
선물 포장과 태그,
종이 도시락 세트 등.
아이디어와 디자인의
조화가 절묘합니다.

다양한 커버 장식과 내용물,
제본까지 모든 것을
직접 한 핸드메이드 노트.
대중적이면서도 트렌디함을
느낄 수 있습니다.

Hello Sandwich

(Ebony Bizys)
Tokyo, Japan [originally from Sydney, Australia]
Designer, Artist, Crafter
http://hellowsandwich.blogspot.com

도쿄에 살고 있는 호주 출신 그래픽 디자이너이자 아티스트인 헬로 샌드위치의 에보니 비지스 씨. 그녀의 작품과 블로그에서 드러나는 독특하고 귀여운 감각이 핸드메이드 잡화 팬들에게 인기가 많습니다. 블로그에는 이방인들의 도쿄 가이드와 일본에서 발견한 소재를 이용한 귀여운 포장 방법을 알려주는 웹진webzine이 있습니다. 현재 다양한 크래프트 워크숍을 개최하는 등 에보니 월드는 점점 확장되고 있습니다.

entertainment

매일매일 서프라이즈,
파티＆기프트

119 템플릿 디자인 포장

1000원 숍에서 파는 디자인 템플릿 자를 사용한 선물 포장.
귀여운 포장지나 리본이 없을 때 템플릿으로 그리기만 하면
멋진 포장지가 만들어져요. → p.141

120 캔디 포장

선물도 좋고 캔디도 좋기 마련.
캔디 모양의 선물이라면 누구나 좋아하죠.
크기가 클수록 기억에도 잘 남아 더욱 좋은 선물이 될 거예요. → p.141

121 윈도우 페이퍼백

창문을 달아 집이나 건물 모양을 낸 종이봉투.
내용물을 슬쩍 엿보는 즐거움이 있어요. → p.141

122 트럼프 심벌 선물상자

풀로 붙일 필요 없이 조립만 하면 되는 선물상자예요.
트럼프 심벌 부분으로 상자를 여며주세요. → p.141

123 스티커 선물상자

평범한 상자에 스티커를 붙이는 것만으로도
예쁜 선물상자를 만들 수 있어요. → p.141

124 아이콘 페이퍼백

봉투 속 선물을 종이에 그린 뒤 오려 붙인 종이봉투.
선물을 가지고 갈 때 아예 내용물을 알려주는 깃도 괜찮겠죠? → p.141

125 손그림 무늬 선물상자

색연필로 나만의 무늬를 그린 정사면체의 선물상자.
적당한 상자가 없을 때에는 상자부터 직접 만들어보세요. → p.141

126 퍼즐 초대장

조각을 맞추면 내용을 알 수 있는 퍼즐 초대장.
활동적인 모임 초대장에 딱이에요. → p.142

127 꽃 초대장

도화지 3장을 겹쳐 꽃 모양으로 잘라 세운 초대장.
우아하고 화려해요. 겹치는 색의 순서가 가장 중요하답니다. → p.142

카드 내용 부분과 아래 놓일 2장을
겹쳐 양면테이프로 붙이고,
덧댐용 1장을 남겨둡니다.

붙인 카드 3장을 함께
꽃잎 모양으로 잘라냅니다.

꽃잎이 완전히 분리되지 않도록
주의하며 일으켜 세우세요.

128 하트 초대장

하트 모양으로 오린
웨딩파티 초대장.
2개의 하트를 접어 붉은 실로
연결해주세요. → p.142

펼친 모습

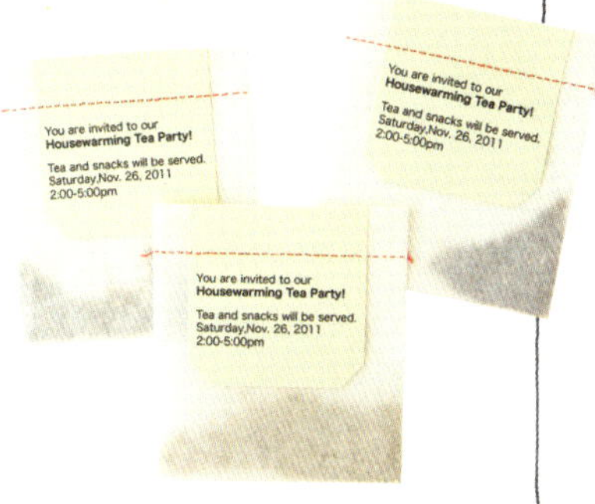

129 티백 초대장

찻잎을 넣은 초대장.
티타임이나 홈파티 초대에
사용하면 좋답니다. → p.142

make it personal with cards.

130 퀴즈 초대장

순서대로 선을 연결하면 그림이 완성되는
자그마한 퀴즈 형식의 초대장.
즐거운 일이 일어날 것 같지 않나요?
→ p.142

131 키재기 줄자 초대장

돌잔치 초대장.
1년 동안 얼마나 컸을까요? → p.142

앞

뒤

사람들에게
줄 때는
묶어주세요.

132 이름표 컵홀더

많은 사람이 모이면 어떤 게 자기 컵이나 접시인지 모르게 되죠.
그럴 때 각자의 이름이 씌어진 홀더를 준비해두세요. → p.142

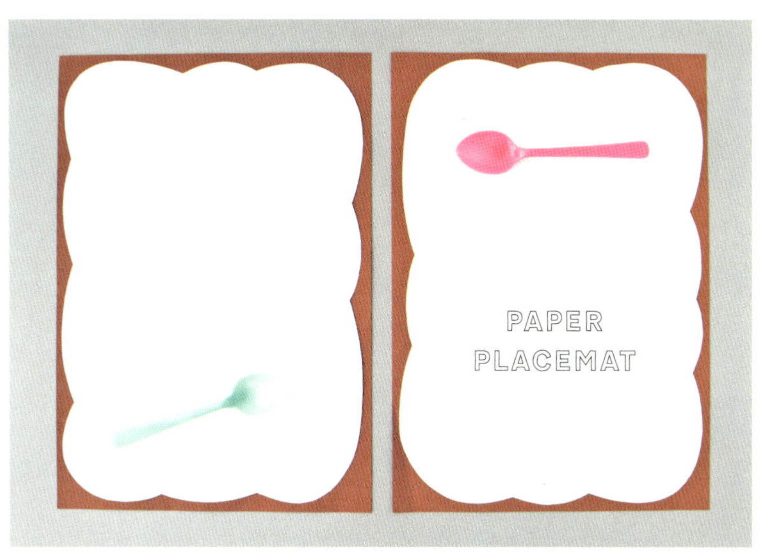

133 종이 테이블매트

갑사기 손님을 대접해야 할 때,
손님을 많이 초대했을 때 금방 준비할 수 있는 종이 테이블매트. → p.142

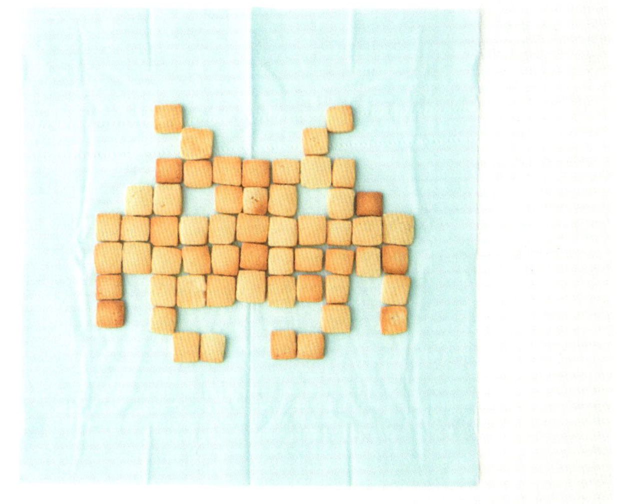

134 픽셀 쿠키

조그만 사각형의 쿠키를 잔뜩 모으면
모두가 함께 다양한 그림을 만들며 즐길 수 있습니다. → p.142

135 이모티콘 고깔모자 미국에서 사용하는 스마일 이모티콘을 파티 고깔모자에 넣어봤어요.
이 모자를 쓰면 금세 분위기가 좋아진답니다. → p.142

136 장식 연필

enjoy
a party!

살짝 손대기만 해도 파티가 더욱 즐거워져요.

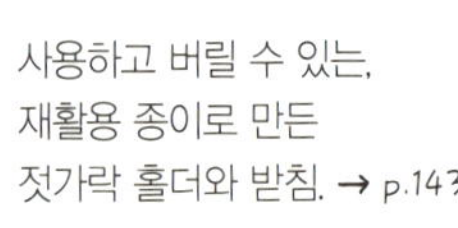

연필도 마스킹테이프로
간단하게 장식해보세요. → p.143

137 젓가락 종이 홀더 & 받침

사용하고 버릴 수 있는,
재활용 종이로 만든
젓가락 홀더와 받침. → p.143

DECORATION
PICK

138 장식 이쑤시개   음식 접시마다 이렇게 장식한 이쑤시개를 꽂아놓으면
절로 분위기가 좋아진답니다. → p.143

139 왕관과 티아라   종이로 만두 왕관과 티아라. 파티의 주인공에게 씌워주세요. → p.143

CROWN AND
TIARA

140 맛이 보이는 막대사탕

이렇게 장식이 붙은 막대사탕은 어때요?
한눈에 맛을 알 수 있어서 아이들에게 인기가 좋답니다. → p.143

141 종이 턱받이

A3 종이에 텍스타일 무늬를 출력한 종이 턱받이입니다.
갑자기 갓난아기나 꼬마 손님이 방문하면 사용해보세요. → p.143

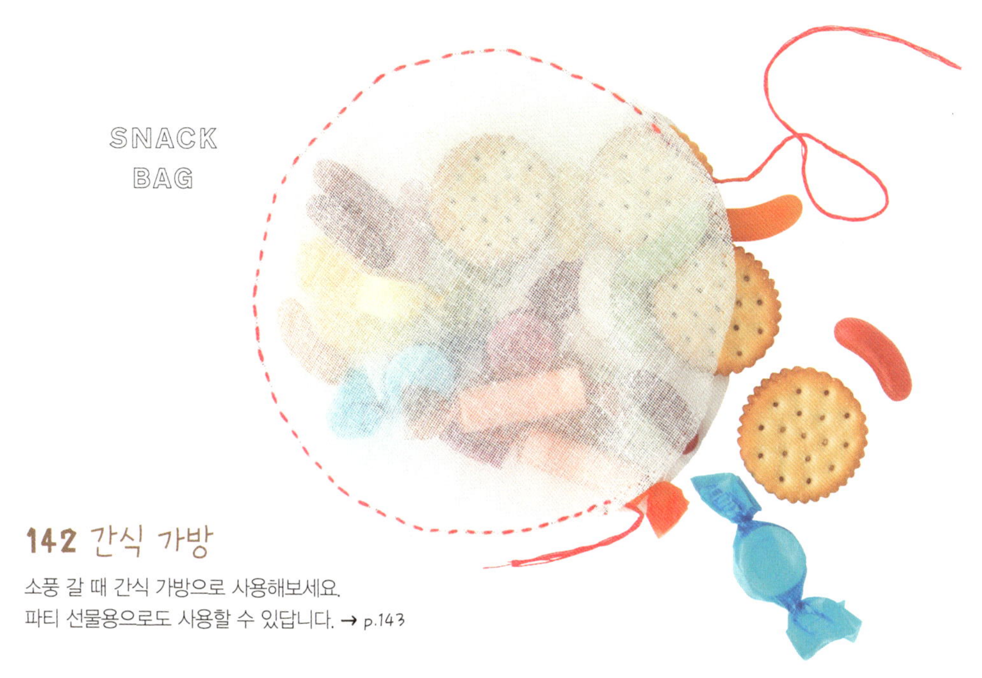

142 간식 가방

소풍 갈 때 간식 가방으로 사용해보세요.
파티 선물용으로도 사용할 수 있답니다. → p.143

143 달콤한 동물농장

무스에 쿠키를 올린 동물농장.
귀여워서 아이들이 무척 좋아해요. → p.143

144 착시효과 컵받침

컵에 든 주스나 우유를 흘린 것 같은 컵받침.
주스와 컵받침의 색깔을 같게 해보세요.
이 컵받침이라면 아이도 흘리는 걸 신경 쓰지 않을 거예요. → p.143

145 별이 내린 테이블

별 모양으로 오린 도화지를 늘어놓고
투명한 비닐시트를 씌우는 것만으로 완성되는 간단한 파티 식탁보.
모티프를 바꾸면 계절 이벤트나 생일파티 때도 유용해요. → p.143

HANDMADE RECIPE

핸드메이드 레시피

1 웰컴 모빌

재료

도화지(흰색, A5) … 말풍선 개수만큼
더블클립 … 말풍선 개수×2개
스테인리스 철사(두께 1mm×길이 1m) … 1개
실(검은색) … 적당량

만드는 법

1 스테인리스 철사를 80cm와 20cm로 자른다. 2 20cm의 스테인리스 철사의 양 끝을 펜치로 구부려 고리를 만든다. 3 80cm의 스테인리스 철사로 원을 만들고 테이프 등으로 마감한다. 4 원의 상하좌우 위치에서 위쪽 한곳을 향해 실을 매단다. 5 ④의 매듭을 ②의 고리에 걸고 위로 잡아당긴다. 6 원에 말풍선 개수대로 더블클립을 끼운다. 7 각각의 더블클립에서 적당한 길이의 실을 늘어뜨리고 끝에 다른 더블클립을 매단다. 8 도화지를 가로 15cm×세로 10cm 크기의 말풍선 모양으로 오려내고 세계 각국의 '안녕하세요'라는 말을 스탬프로 찍는다. 9 말풍선을 더블클립에 끼운다.

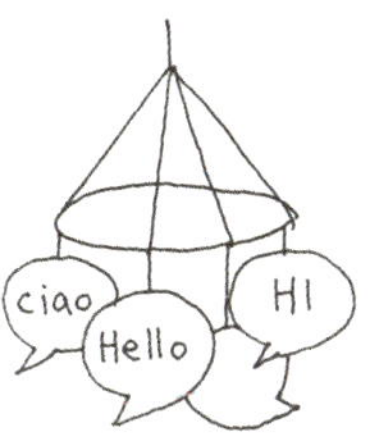

2 다면체 오너먼트

재료

두꺼운 종이(금색, A5) … 다면체 수만큼
실(흰색) … 적당량

만드는 법

1 두꺼운 종이에 다면체 전개도를 그리고(14페이지 참조) 풀칠할 부분을 남겨 모양대로 오려낸다. 2 풀칠할 부분을 안쪽으로 접는다. 3 풀칠할 부분을 풀로 붙인다. 4 완성된 디면체를 실에 매단다.

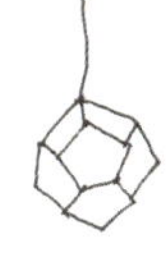

3 크리스털 비즈 샹들리에

재료

크리스털 비즈(지름 5mm) … 400개
스테인리스 철사(두께 0.6mm×길이 1m) … 1개
실(하늘색) … 적당량

만드는 법

1 철사를 20cm×3개와 10cm×4개로 자른다. 2 20cm 철사 2개를 십자(+) 모양으로 교차시키고 중심을 본드로 고정한다. 3 교차시킨 철사 양 끝을 펜치로 구부려 구멍을 만들어둔다. 4 남은 20cm 철사 양 끝을 펜치로 구부려 고리를 만든 뒤 한쪽 끝을 ②의 중심에 건다. 5 10cm 철사 4개의 중심을 각각 살짝 구부린 뒤 교차시킨 철사의 양 끝 구멍(4군데)에 통과시키고 실 구멍을 양 끝에 만든다. 6 실을 30~40cm 길이 8개로 자른 뒤 크리스털 비즈를 꿴다(각 50개). 7 비즈를 꿴 실을 10cm 철사 한쪽 끝과 교차한 철사의 중심으로 연결한다.

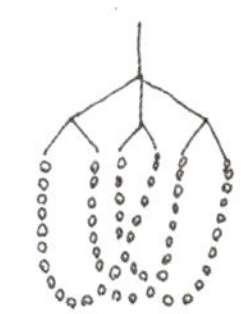

4 서클 갈런드

재료

메탈 색종이(가로세로 15cm) … 5~6장
(※색종이 1장에 2개짜리 동그라미 2개가 생긴다.)
실(흰색) … 적당량

만드는 법

1 색종이를 반으로 접어 지름 4cm의 원을 그린 뒤 오려낸다(접은 부분을 대칭으로 2개짜리 동그라미가 나오도록 한다). 2 접은 선 안쪽에 실을 넣고 원을 서로 풀로 붙인다.

5 미니 트라이앵글 갈런드

재료

색종이(흰색 · 핑크색, 가로세로 15cm) … 3~4장
(※색종이 1장에 8개의 삼각형이 생긴다.)
실(감색) … 적당량

만드는 법

1 색종이를 가로 3cm×세로 7cm의 마름모꼴로 오린다. 2 마름모꼴을 반 접어 삼각형을 만든다. 3 접은 선 안쪽에 실을 넣고 삼각형을 서로 풀로 붙인다.

6 깃발 갈런드

재료

도화지(흰색, A4) … 3장
색연필 … 1세트, 실(흰색) … 적당량

만드는 법

1 도화지를 가로 5.5cm×세로 4cm의 사각형으로 자른다. 2 싱싱 속의 깃발을 색연필로 아무렇게나 그린다. 3 완성된 깃발을 실에 풀로 붙인다.

7 스타 갈런드

재료

도화지(흰색 · 회색, A4) … 각 1장씩
실(흰색) … 적당량

만드는 법

1 도화지를 2~3cm 크기의 다양한 별 모양으로 오린다. 2 실을 20cm 길이로 여러 개 잘라 별을 2~3개씩 꿰맨다. 3 실을 좌우로 길게 잘라 ②를 매단다.

8 플래닛 갈런드

재료

도화지(다양한 색깔, A5) … 각 1장씩
실(흰색) … 적당량

만드는 법

1 도화지를 지름 7cm 정도의 원으로 오린다. 2 다양한 색깔의 도화지를 잘라 붙여 혹성을 꾸민 뒤 실을 짧게 잘라 붙인다. 3 실을 좌우로 길게 잘라 ②를 매단다.

9 미니 우산 갈런드

재료

장식용 우산(기성품, 길이 약 10cm) … 원하는 만큼
실(흰색) … 적당량

만드는 법

1 장식용 우산을 펼쳐 우산 윗부분에 실을 감는다. 2 실을 좌우로 길게 잘라 ②를 색과 간격을 고려하며 매단다.

10 종이비행기 모빌

재료

포장지(무늬 있는 것, A5) … 종이비행기 수만큼
둥근 나무막대기(지름 9mm×길이 1m) … 1개
실(흰색) … 적당량

만드는 법

1 포장지로 종이비행기를 만든다. 2 적당한 길이로 실을 자르고 종이비행기에 본드로 붙인다. 3 나무막대기를 3등분으로 자른다(아래쪽에 배치할 막대기일수록 약간 짧게 하면 좋다). 4 균형을 유지하면서 나무막대기에 종이비행기가 달린 실을 묶는다.

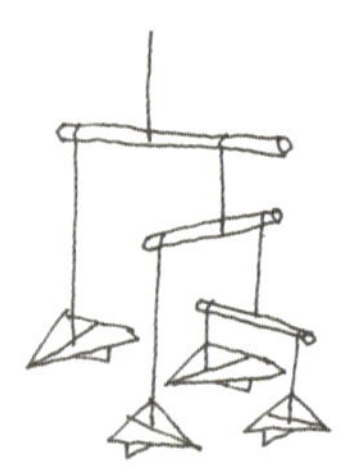

11 눈송이 장식

재료

복사용지(A4) … 눈송이 수만큼

만드는 법

1 복사용지를 가로세로 12cm의 정사각형으로 자른다. 2 반을 접고 다시 반을 접어 삼각형을 만든다. 3 다시 3등분하여 접는다. 4 좌우 변에 자유롭게 가위집을 넣는다.

12 기하학 모빌

재료

도화지(검은색 · 파란색 · 초록색 · 노란색 · 빨간색 · 흰색, A4) … 각 1장씩
실(검은색) … 적당량

만드는 법

1 컴퓨터로 커터라인을 그린다. 2 도화지에 커터라인을 출력하고 선을 따라 자른다. 3 각 사이즈의 사각형을 같은 간격으로 배치해 실에 본드로 붙인다.

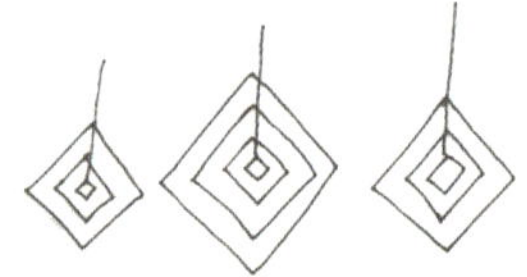

13 3D 별 오너먼트

재료

도화지(노란색, A4) … 1~2장
실(흰색) … 적당량

만드는 법

1 도화지를 가로세로 5cm 크기의 별 모양(4장)으로 오린다. 2 ①의 7mm 안쪽을 같은 모양으로 오려서 안이 빈 별을 만든다. 3 별을 세로로 반 접는다. 4 별 4장의 접은 부분을 서로 본드로 붙인다. 5 완성된 별을 실에 본드로 붙인 뒤 늘어뜨린다.

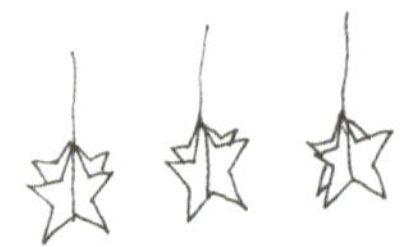

14 3D 양 오너먼트

재료

도화지(흰색 · 검은색, A4) … 각 1장씩
실(흰색) … 적당량

만드는 법

1 도화지를 가로 3cm×세로 4cm 크기의 양의 반쪽 모양(8장)으로 오린다. 2 1장의 양 반쪽 모양에서 눈과 뿔 부분을 오려낸다. 3 8장의 양 반쪽 모양들을 본드로 붙인다. 4 자투리 도화지로 발을 만들어 양 몸통에 붙인다. 5 완성된 양을 실에 본드로 붙인 뒤 늘어뜨린다.

15 3D 하트 오너먼트

재료

도화지(흰색 · 검은색, A4) … 각 1장씩
실(흰색) … 적당량

만드는 법

1 도화지를 가로 4cm×세로 3.5cm 크기의 하트 모양(4장)으로 오린다. 2 ①의 7mm 안쪽을 같은 모양으로 오려서 안이 빈 하트를 만든다. 3 하트를 세로로 반 접는다. 4 하트 4장의 접은 부분을 서로 본드로 붙인다. 5 완성된 하트를 실에 본드로 붙인 뒤 늘어뜨린다.

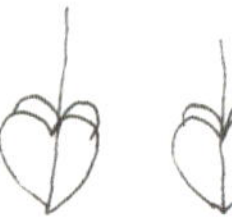

16 메시지 갈런드

재료

도화지(노란색 · 회색, A4) … 글자 수만큼
실(흰색) … 적당량

만드는 법

1 도화지를 가로 10cm×세로 24cm의 마름모꼴로 오린다. 2 마름모꼴을 반 접어 삼각형을 만든다. 3 접은 선의 안쪽에 실을 넣고 삼각형을 서로 풀로 붙인다. 4 좋아하는 글씨체의 알파벳을 손으로 쓰고 오려낸다.

17 꽃밭 오너먼트

재료

습자지(흰색 · 핑크색 · 하늘색) … 꽃의 수만큼
실(흰색) … 적당량
나무로 만든 빨래건조대 … 1개

만드는 법

1 습자지를 가로세로 10cm로 자르고 4~5장을 겹친다. 2 습자지를 겹친 채 약 1cm 폭으로 주름을 잡는다. 3 중심을 실로 묶는다. 4 주름의 양 끝을 삼각형 모양으로 잘라낸다. 5 주름을 펼쳐 꽃 모양을 만든다. 6 완성된 꽃을 하나씩 빨래건조대에 매단다.

18 종이풍선 오너먼트

재료

종이풍선(기성품, 다양한 크기) … 원하는 만큼
실(흰색) … 적당량, 장식용 나뭇가지 … 1개

만드는 법

1 종이풍선에 바람을 넣는다. 2 풍선에 테이프로 실을 붙여 장식용 나뭇가지에 묶는다.

19 색종이 프레임

재료

[프레임 1개당]
색종이(무늬 있는 것, 가로세로 15cm) …1장
종이박스(가로세로 10cm) …1개

만드는 법

1 종이박스 중심에 가로세로 5cm의 창을 낸다. 2 색종이를 종이박스에 겹쳐서 풀로 붙이고 안쪽과 바깥쪽으로 남은 종이를 뒤로 접는다. 자세한 그림 설명은 28페이지 참조.

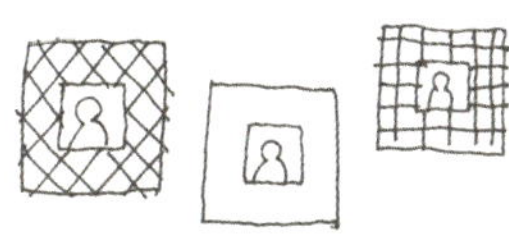

20 3D 포토

재료

사진 …적당한 것(어떤 크기라도 OK)

만드는 법

1 사진 속 일으켜 세우고 싶은 모티프의 아웃라인에 밑변만 남기고 칼집을 넣는다. 2 모티프 부분을 앞으로 접어 일으켜 세운다.

21 나무무늬 시트 프레임

재료

[프레임 1개당]
나무무늬 시트지(가로세로 20cm) …1장
종이박스(가로세로 15cm) …1개

만드는 법

1 종이박스 중심에 가로세로 5cm의 창을 낸다. 2 나무무늬 시트지를 종이박스에 겹쳐서 붙이고 안쪽과 바깥쪽으로 남은 시트지를 뒤로 접는다.

22 가족사진 모빌

재료

사진 …적당한 것(어떤 크기라도 OK)
클립 …사진 수만큼
스테인리스 철사(두께 1mm×길이 40cm) …1개
실(흰색) …적당량

만드는 법

1 스테인리스 철사를 20cm×1개와 10cm×2개로 자른다. 2 모든 철사의 양 끝을 펜치로 구부려 고리를 만든다. 3 철사 중심을 조금 구부리고 양 끝 고리에 실을 꿴다. 4 균형을 맞추면서 철사를 서로 실로 연결한다. 5 사진의 모티프 부분만 오려낸다. 6 가장 아래의 실 끝에 클립을 달고 사진을 끼운다.

23 클립 포토 스탠드

재료

사진 …적당한 것(어떤 크기라도 OK)
더블클립, 나무클립, 금속클립 …적당한 것

만드는 법

1 사진을 원하는 모양으로 자른다. 2 사진을 클립에 끼워 세운다.

24 쓱싹쓱싹 데코 사진

재료

사진 …적당한 것(어떤 크기라도 OK)
펜(흰색) …1개

만드는 법

1 사진에 펜으로 자유롭게 장식한다.

25 여행의 추억 갈런드

재료

리본(검은색) …3m
나무클립 …20～30개
압정(또는 핀) …5개 정도
사진 …적당한 것(어떤 크기라도 OK)

만드는 법

1 리본을 벽에 지그재그로 배치하면서 압정으로 끝부분을 고정한다. 2 사진을 시간대별로 나무클립에 끼워 리본에 매단다.

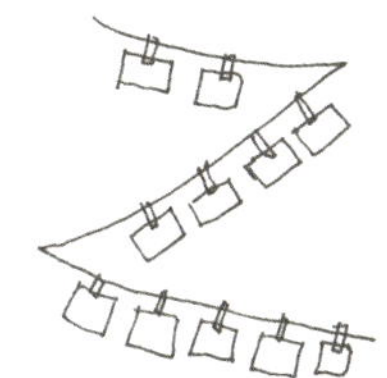

26 여행의 추억 컬렉션

재료

다양한 카탈로그나 티켓 …원하는 만큼
클립보드 …1개

만드는 법

1 카탈로그나 티켓 등에 펀칭기를 이용해 구멍을 뚫는다. 2 크기가 큰 것부터 차례로 클립보드에 끼워 넣는다.

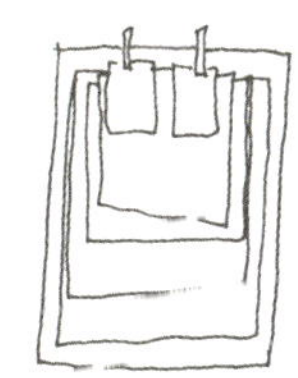

27 라벨 컬렉션

재료

과일이나 채소의 라벨 …다수
나무 액자 …1개
크라프트지(A3) …1장

만드는 법

1 미리 모아놓은 과일이나 채소의 라벨을 크라프트지에 붙인 뒤 나무 액자에 넣는다.

28 'T' 컬렉션

재료

잡지나 포장지에서 잘라낸 'T' … 다수
나무 액자 … 1개
크라프트지(A6) … 1장

만드는 법

1 미리 모아둔 'T'를 크라프트지에 붙인 뒤 나무 액자에 넣는다.

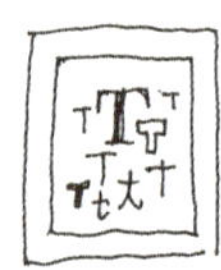

29 행운쪽지 컬렉션

재료

포춘쿠키 쪽지 … 다수
나무 액자 … 1개
종이(검은색, A6) … 1장

만드는 법

1 미리 모아둔 포춘쿠키 쪽지를 종이에 붙인 뒤 나무 액자에 넣는다.

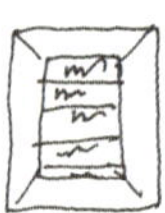

30 시들지 않는 포토 플라워

재료

꽃(꽃 사진) … 다수
출력용지(흰색, A4) … 꽃의 수만큼
출력용지(컬러, A4) … 꽃의 수만큼

만드는 법

1 흰 배경 앞에서 꽃을 촬영한다(또는 꽃 사진을 준비한다). 2 하얀 출력용지에는 컬러로, 컬러 출력용지에는 흑백으로 출력한다. 3 통 모양으로 둥글게 말아 테이프로 붙인다.

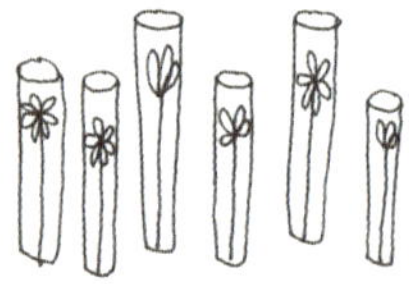

31 꽃을 품은 유리병

재료

사진 … 적당한 것
유리병 … 사진의 수만큼

만드는 법

1 좋아하는 사진을 출력한다(병 크기에 맞춰 사진 크기를 조정한다). 2 유리병 속에 사진을 넣는다.

32 도트 스티커 프레임

재료

[프레임 1개당]
도트 스티커 … 6~8장

만드는 법

1 아이의 그림을 원하는 모양으로 자른다. 2 도트 스티커로 그림을 벽, 문 등에 자유롭게 붙인다.

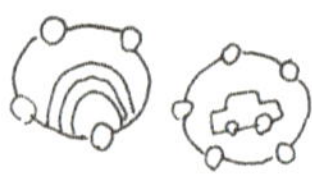

재료

[프레임 1개당]
클립보드 … 1개

만드는 법

1 아이의 그림을 클립보드에 끼운다. 2 클립보드를 벽에 붙이거나 바닥에 세워둔다.

34 스티로폼 프레임

재료

[프레임 1개당]
출력용지(흰색, A4) … 1장
발포 스티로폼(두께 2cm) … 1개

만드는 법

1 발포 스티로폼을 가로 15cm×세로 10cm로 자른다. 2 스티로폼보다 크게 사진을 출력해 스티로폼을 감싼다.

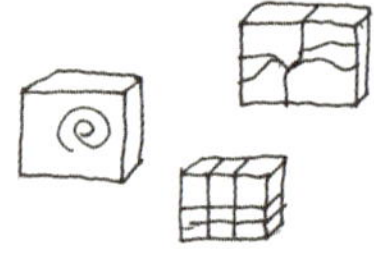

35 도일리페이퍼 프레임

재료

[프레임 1개당]
출력용지(흰색, A4) … 1장
도일리페이퍼(지름 약 20cm) … 1장

만드는 법

1 컴퓨터로 사진을 흑백 처리한 뒤 출력한다. 2 출력한 흑백사진을 도일리페이퍼 안쪽 선에 맞춰 둥글게 자른다. 3 도일리페이퍼에 붙인다.

36 추억의 장난감 사진

재료

[프레임 1개당]
출력용지(컬러, A4) … 1장
액자(검은색, A6) … 1개

만드는 법

1 컴퓨터로 장난감 사진을 흑백 처리한 뒤 출력한다. 2 출력한 사진을 액자에 넣는다.

37 9분할 프레임

재료

갱지(A4) …9장
나무 액자(A6) …9개

만드는 법

1 컴퓨터로 원하는 사진을 흑백 처리한 뒤 9분할해서 갱지에 출력한다. 2 9장 각각을 액자에 끼워 배치한다.

38 스마일 콜라주

재료

미소 그림 …다수
철제 액자(A2) …1개

만드는 법

1 미리 모아둔 그림에서 미소만 남도록 오려낸다.
2 미소 그림들을 콜라주해서 액자에 넣는다.

39 컬러풀 프레임

재료

도화지(다양한 색, A4) …각 1장씩

만드는 법

(※단순한 모양의 조각들을 이어 붙여서 프레임을 만든다.)
1 도화지에 밑그림을 그리고 오린다. 2 프레임의 형태로 조각들을 정리하면서 풀로 붙인다.

40 빗방울 머금은 구름 월데코

재료

도화지(은색, A4) …2장
도화지(파란색, A4) …4장
도화지(핑크색, A4) …1장
두꺼운 종이(A4) …6장
실(하늘색, 흰색) …적당량

만드는 법

1 도화지(은색 · 파란색)에 두꺼운 종이를 덧붙여 튼튼하게 만든다. 2 ①을 구름 모양으로 오린다. 3 도화지(핑크색)를 빗방울(길이 5cm 정도) 모양으로 오린다. 4 하늘색 실에 빗방울을 붙인다. 5 ④의 빗방울을 은색 구름에 각 3줄씩 붙여 늘어뜨린다.
6 모든 구름에 흰색 실을 붙여 벽에 매단다.

41 이니셜 쿠션

재료

민무늬 쿠션(가로세로 50cm) …2개
민무늬 쿠션(가로세로 30cm) …2개
실(회색, 오렌지색, 검은색) …적당량

만드는 법

1 쿠션에 초크펜으로 알파벳 밑그림을 그린다.
2 밑그림을 따라 스티치한다.

42 도형 커튼

재료

펠트(검은색 · 노란색 · 핑크색 · 초록색, 가로세로 30cm) … 각 1장씩
실(검은색) …적당량

만드는 법

1 펠트를 각각 가로세로 약 4cm 크기의 도형(동그라미, 삼각형, 사각형)으로 오린다. 2 잘라낸 도형들을 재봉틀을 이용해 직선으로 꿰맨다. 3 같은 방법으로 10줄을 만들어 늘어뜨린다.

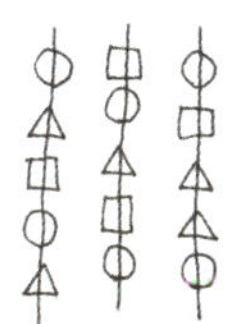

43 스티치 네임플레이트

재료

천(가로세로 30cm) …1장
자수틀(지름 15cm) …1개
자수실(감색) …적당량

만드는 법

1 천 중심에 자수틀을 끼운다. 2 방의 이름이나 사람 이름을 스티치한다.

44 퍼즐 커튼

재료

퍼즐조각 …250조각
실(흰색) …적당량

만드는 법

1 하나의 실에 약 25개의 퍼즐조각을 붙인다.
2 같은 방법으로 10줄을 만들어 늘어뜨린다.

45 트럼프 커튼

재료

트럼프 …1세트
아일릿 …50개
마끈 …적당량

만드는 법

1 트럼프 카드를 아일릿으로 연결한다(1줄에 약 15장을 연결한다). 2 같은 방법으로 3줄을 만든 뒤 마끈에 매달아 늘어뜨린다.

46 트리 데코

재료

나뭇가지 …3개
셀로판지(노란색 · 초록색, 가로세로 15cm) … 각 2장
씩
방울 …15개, 골판지(A6) …1장
실(또는 끈) …적당량

만드는 법

1 4분의 1로 자른 셀로판지로 학을 접는다. 2 골판
지를 알파벳 모양으로 오린다. 3 각 재료에 실을
묶어 나뭇가지에 매달거나 늘어뜨린다.

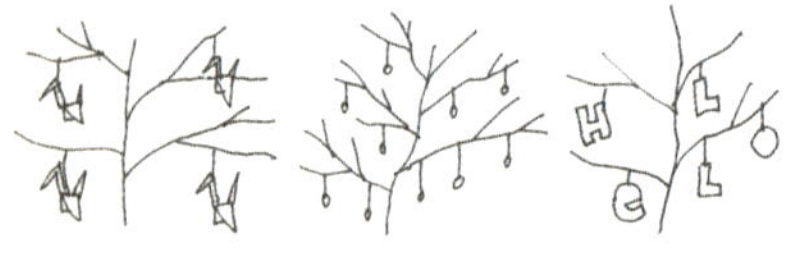

47 스텐실 커튼

재료

천(흰색, 가로1.2m×세로1.5m) …1장
아크릴 물감(빨간색 · 파란색 · 노란색) … 각 1개씩
두꺼운 종이(A6) …1장

만드는 법

1 두꺼운 종이에 삼각형(가로 3cm×세로 4cm)으로
구멍을 뚫어 스텐실 플레이트를 만든다. 2 전체적
인 균형을 보면서 붓에 한 색깔씩 아크릴 물감을 묻
혀 스텐실 한다.

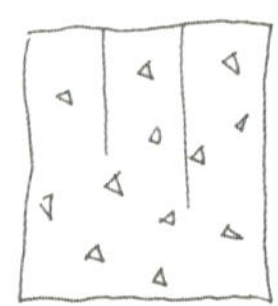

48 맵 커튼

재료

천(표백하지 않은 무명, 가로1.2m×세로1.5m) …1장
펠트(회색, 가로세로 30cm) …1장
재봉실(갈색) …적당량

만드는 법

1 천에 초크펜으로 지도의 밑그림을 그린다. 2 펠
트를 집 모양(가로 3.5cm×세로 6cm)으로 오린 뒤
옷감용 본드로 천에 붙인다. 3 길은 재봉틀로 재봉
한다.

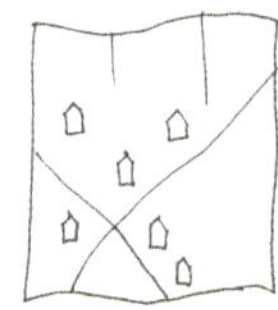

49 리본 땋기 커튼

재료

다양한 리본(1~1.5m) …다수
막대기(또는 끈) …약 1m

만드는 법

1 다양한 리본을 막대기에 묶어 매단다. 2 가까이
있는 리본을 3개씩 모아 땋는다.

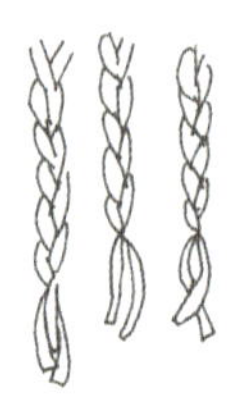

50 미니 텃밭 디스플레이

재료

알루미늄 젤리틀(지름 8cm) …4개
케이크돔(지름 30cm) …1개
도화지(검은색, A6) …1장

만드는 법

1 젤리틀에 흙을 넣어 채소를 기른다. 2 도화지를
잘라 약 5cm 폭의 삼각기둥을 만든다. 3 다이모
(DYMO)로 채소의 이름을 찍어 삼각기둥에 붙인다.
4 케이크돔을 씌운다.

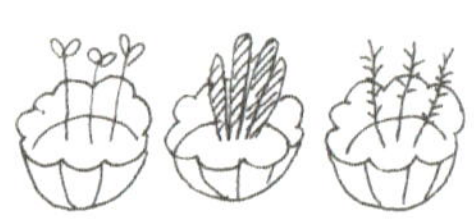

51 심플 자갈 아트

재료

돌(다양한 모양과 크기) …다수
물감 …1세트

만드는 법

1 매끄러운 모양의 돌을 모은다. 2 돌에 물감으로
색을 입힌다.

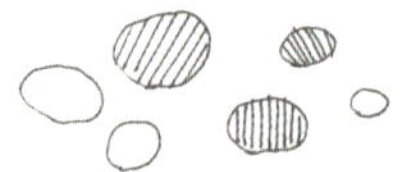

52 방울 꽃-습자지

재료

[꽃 1송이당]
습자지(노란색, 가로세로 10cm) …1장
실(흰색) …적당량, 꽃철사(초록색, 36cm) …1개

만드는 법

1 습자지 4~5장을 겹친다. 2 습자지를 겹친 채 약
5mm 폭으로 주름을 잡는다. 3 중심을 실로 묶는
다. 4 주름의 양 끝을 둥글게 잘라낸다. 5 주름을
펼쳐 꽃 모양을 만든다. 6 꽃철사를 꽃에 꽂고 풀
로 붙인다.

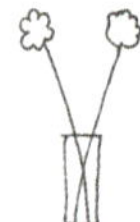

53 방울 꽃-털실

재료

[꽃 1송이당]
털실(흰 바탕에 파란색 · 노란색이 드문드문 염색된
것) …1.5m
실(흰색) …적당량, 꽃철사(초록색, 36cm) …1개

만드는 법

1 털실을 약 4cm 길이로 50회 정도 반복해서 접는
다. 2 중심을 실로 묶는다. 3 양 끝의 접힌 부분을
자른다. 4 꽃 모양을 만들면서 남은 털실을 잘라낸
다. 5 꽃철사를 꽃에 꽂고 풀로 붙인다.

54 바람개비 꽃

재료

[꽃 1송이당]
색종이(무늬 있는 것, 가로세로 8cm) …1장
시침핀(빨간색) …1개, 꽃철사(초록색, 36cm) …1개

만드는 법

1 색종이를 삼각형으로 2번 접어 펼친다. 2 모서리
에서 중심을 향해 3분의 2 위치까지 칼집을 넣는다.
3 반이 된 모서리를 중심을 향해 구부린 뒤 중심에
시침핀을 꽂는다. 4 꽃철사를 바람개비에 붙인다.

55 미니 목장

재료

[목장 1개당]
되(가로세로 9cm) … 1개
동물 인형(3~5cm) … 1개, 출력용지(A4) … 1장

만드는 법

1 되의 안쪽에 초목 사진을 출력해서 붙인다. 2 되를 세우고 동물 인형을 놓는다.

56 드로잉 티셔츠

재료

티셔츠(검은색) … 1장
옷감용 펜(금색) … 1개

만드는 법

1 티셔츠를 팽팽하게 편다. 2 펜으로 간단한 패턴을 그린다.

57 스텐실 티셔츠

재료

티셔츠(회색) … 1장
아크릴 물감(빨간색 · 파란색 · 노란색) … 각 1개씩
두꺼운 종이(A6) … 1장

만드는 법

1 두꺼운 종이에 삼각형(가로 1.5cm×세로 2cm)으로 구멍을 뚫어 스텐실 플레이트를 만든다. 2 두 가지 색깔의 삼각형 꼭짓점이 맞닿아 리본 모양이 되도록 전체적인 균형을 보면서 붓에 한 색깔씩 아크릴 물감을 묻혀 스텐실 한다.

58 일러스트 티셔츠

재료

티셔츠(초록색) … 1장, 옷감용 펜(검은색) … 1개

만드는 법

1 티셔츠를 팽팽하게 편다. 2 펜으로 일러스트를 그린다.

59 도형 스티치 스웨트셔츠

재료

스웨트셔츠(회색) … 1장, 실(초록색) … 적당량

만드는 법

1 스웨트셔츠에 초크펜으로 동그라미, 삼각형, 사각형의 밑그림을 그린다. 2 밑그림을 따라서 스티치한다.

60 별 스티치 스웨트셔츠

재료

스웨트셔츠(감색) … 1장, 실(흰색) … 적당량

만드는 법

1 밑그림 없이 자유롭게 별 모양을 스티치한다.

61 도일리 티셔츠

재료

티셔츠(흰색) … 1장

만드는 법

1 전체 균형을 보면서 티셔츠에 도일리를 꿰맨다.

62 리본 탱크톱

재료

탱크톱(검은색) … 1장
리본(하늘색) … 60cm 정도

만드는 법

1 리본의 중심을 탱크톱에 꿰맨다. 2 리본을 묶는다.

63 구름 아플리케 탱크톱

재료

탱크톱(노란색) … 1장
조각 천 … 가로세로 10cm 정도

만드는 법

1 조각 천을 구름 모양으로 오린다. 2 구름을 탱크톱에 꿰맨다.

64 드로잉 탱크톱

재료

탱크톱(흰색) … 1장, 옷감용 펜(감색) … 1개

만드는 법

1 탱크톱을 팽팽하게 편다. 2 자로 줄무늬를 그린다.

65 스팽글 탱크톱

재료

탱크톱(회색) … 1장, 스팽글 테이프 … 1개

만드는 법

1 스팽글 테이프를 구부려 로고를 만들면서 꿰맨다.

66 집 아플리케 스커트

재료

스커트(검은색) …1장
조각 천(파란색) …가로세로 50cm 정도

만드는 법

1 조각 천을 집 모양(가로 30cm×세로 45cm)으로 오린다. 2 집을 스커트에 꿰맨다.

67 제비 아플리케 스커트

재료

스커트(겨자색) …1장
조각 천(검은색) …가로세로 35cm 정도
옷감용 양면테이프 …적당량

만드는 법

1 조각 천을 제비 모양(가로세로 11cm 정도)으로 오린다. 2 제비를 양면테이프로 스커트에 붙인다.

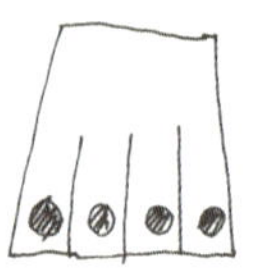

68 스티치 스커트

재료

스커트(회색) …1장
실(파란색) …적당량

만드는 법

1 스커트에 스티치할 위치를 결정한다. 2 초크펜으로 밑글씨를 쓴다. 3 밑글씨를 따라 스티치한다.

69 손글씨 노랫말 에코백

재료

에코백 …1개
옷감용 펜(검은색) …1개

만드는 법

1 마음에 드는 노랫말을 출력해 가방 속에 넣는다.
2 가방에 든 밑글씨를 따라 베껴 쓴다.

70 다이아몬드 아플리케 에코백

재료

에코백 …1개
조각 천(검은색) …가로세로 20cm 정도

만드는 법

1 조각 천을 다양한 크기의 다이아몬드 모양으로 오린다.
2 다이아몬드를 가방에 꿰맨다.

71 꽃 스팽글 에코백

재료

에코백 …1개
스팽글(별) …약 20개

만드는 법

1 스팽글을 가방에 고루 꿰맨다.

72 도넛 페인팅 에코백

재료

에코백 …1개
아크릴 물감 …1세트

만드는 법

1 에코백을 캔버스에 대고 아크릴 물감으로 직접 그린다.

73 봉투 포켓 에코백

재료

에코백 …1개
조각 천(표백하지 않은 무명) …가로세로 24cm 정도

만드는 법

1 조각 천을 봉투 모양이 되도록 접어 꿰맨다. 2 봉투를 가방 중심에 놓고 꿰맨다.

74 캐릭터 양말-당나귀

재료

양말 …1켤레
펠트(회색) …가로세로 10cm 정도
펠트(검은색) …가로세로 2cm 정도
천(흰색) …가로세로 10cm 정도
눈알 단추 …4개
실(검은색) …적당량

만드는 법

1 회색 펠트를 귀 모양으로 오려 양말에 꿰맨다. 2 하얀 코 부분이 될 흰색 천을 발가락 형태에 맞춰 오린 뒤 꿰맨다. 3 검은색 펠트로 콧구멍을 만들어 붙인다. 4 실을 둥글게 말아 양말에 꿰맨다. 5 눈알 단추를 붙인다.

75 캐릭터 오븐장갑-말

재료

오븐장갑 …1개
펠트(회색) …가로세로 10cm 정도
펠트(핑크색) …가로세로 7cm 정도
펠트(검은색) …가로세로 2cm 정도
눈알 단추 …4개
실(갈색) …적당량

만드는 법

1 회색 펠트를 귀 모양으로 오려 오븐장갑에 꿰맨다.
2 핑크색 펠트를 혀 모양으로 오려 오븐장갑 사이에
붙인다. 3 검은색 펠트로 콧구멍을 만들어 붙인다.
4 실을 둥글게 말아 장갑에 꿰맨다. 5 눈알 단추를
붙인다.

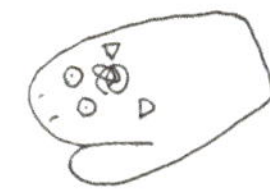

76 버튼 파우치

재료

[파우치 1개당]

파우치 …1개
단추 …20~30개, 실 …적당량

만드는 법

[중심형 파우치]

1 다양한 색상과 모양의 단추를 파우치 중앙에 배치
하고 꿰맨다.

[C형 파우치]

1 다양한 색상과 모양의 단추를 알파벳 'C' 모양으로
배치하고 꿰맨다.

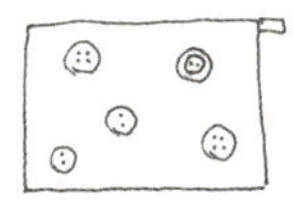 

77 스텐실 슬리퍼

재료

[슬리퍼 1켤레당]

슬리퍼 …1켤레, 두꺼운 종이(A6) …1장
스탬프 패드(흰색) …1개

만드는 법

1 두꺼운 종이에 'GUEST'라는 글자로 구멍을 뚫어
스텐실 플레이트를 만든다. 2 플레이트를 슬리퍼
위에 놓고 스탬프 패드로 칠한다.

78 미니어처 장난감 목걸이

재료

[목걸이 1개당]

미니어처 장난감 …1개, 목걸이 체인 …1개

만드는 법

1 미니어처 장난감에 목걸이 체인을 건다.

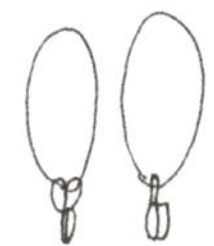

79 폭신폭신 그림 브로치

재료

천(표백하지 않은 무명) …가로세로 30cm 정도
솜 …20g, 펜 …1세트

만드는 법

1 천에 펜으로 그림을 그린다(그림 크기는 가로세로
3~5cm). 2 일러스트보다 조금 크게 천을 자른다
(천을 반 접은 뒤 잘라 같은 모양의 천을 1장 더 만
든다). 3 2장의 천을 꿰매고 솜을 넣어 봉합한다.

80 실루엣 브로치

재료

두꺼운 펠트(실루엣) …가로세로 8cm 정도
덧댐용 두꺼운 펠트(원) …지름 2cm 정도
브로치핀(또는 옷핀) …1개, 실(베이지) …적당량

만드는 법

1 실루엣용 펠트를 원하는 모양으로 오린다. 2 덧
댐용 펠트에 브로치핀을 단다. 3 ②를 ①의 뒤에
꿰맨다.

81 꼬마 장난감 브로치

재료

[브로치 1개당]

미니어처 장난감 …1개, 브로치핀(또는 옷핀) …1개

만드는 법

1 미니어처 장난감 뒤에 브로치핀을 본드로 붙인다.

82 컬러 단추 목걸이

재료

단추(빨간색 · 감색 · 검은색 · 흰색 · 초록색) …각 10
개씩
끈(흰색) …70cm 정도

만드는 법

1 색깔 단추를 자유롭게 끈으로 연결한다.

83 단추 헤어클립

재료

[헤어클립 1개당]

단추 …1개, 똑딱핀 …1개, 실 …적당량

만드는 법

1 단추와 똑딱핀을 실로 묶는다.

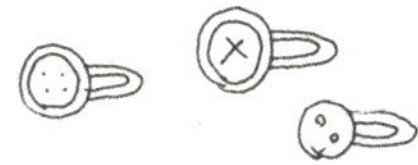

84 단추 액세서리 세트

재료

단추 …약 50개, 실(하늘색) …적당량
똑딱핀 …1개

만드는 법

[목걸이, 팔찌] 1 단추를 겹쳐서 실로 꿴다.
[똑딱핀] 1 단추와 똑딱핀을 실로 묶는다.

85 단추 헤어고무줄

재료

[헤어고무줄 1개당]

단추 …1개, 컬러 고무줄 …1개

만드는 법

1 단추를 고무줄에 꿰어 묶는다.

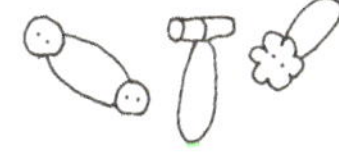

86 플라스틱 체인 팔찌

재료

[팔찌 1개당]

플라스틱 링 …약 20개

만드는 법

1 플라스틱 링을 서로 연결해 둥근 원을 만든다.

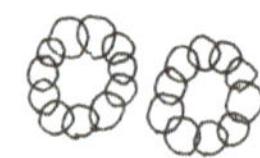

87 단추 헤어핀

재료

[헤어핀 1개당]

단추 …1개, 실핀 …1개

만드는 법

1 실핀에 단추를 본드로 붙인다.

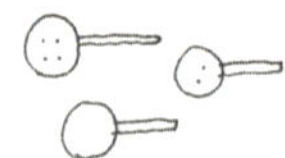

88 이름표 헤어클립

재료

[헤어클립 1개당]

펠트 …가로 4cm×세로 1.5cm 크기 2장

실 …적당량, 똑딱핀 …1개

만드는 법

1 똑딱핀보다 조금 큰 사각형으로 펠트를 2장 자른다. 2 1장의 펠트에 이름을 스티치한다. 3 다른 1장에 클립 부분을 꺼낼 칼집을 넣는다. 4 똑딱핀을 2장의 펠트로 감싸 테두리를 꿰맨 뒤 똑딱 부분을 꺼낸다.

89 데코 헤어클립

재료

[헤어클립 1개당]

똑딱핀 …1개

펜(검은색) …1개

만드는 법

1 똑딱핀에 펜으로 자유롭게 라인이나 도트를 그려 꾸민다.

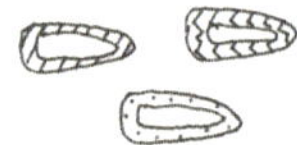

90 펠트 꽃 헤어클립

재료

펠트(꽃잎) …지름 4~5cm 크기의 원 2장

펠트(나뭇잎) …가로 4cm×세로 2.5cm

단추 …1개, 실 …적당량

똑딱핀 …1개

만드는 법

1 꽃잎용 펠트 2장을 각각 크기를 달리하여 원 모양으로 대강 오린다. 2 나뭇잎용 펠트를 잎사귀 모양으로 대강 오린다. 3 3장의 펠트를 겹치고 맨 위에 단추, 맨 아래에 똑딱핀을 두고 같이 꿰맨다.

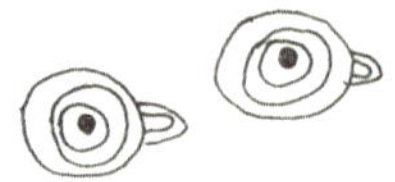

91 종이꽃 헤어핀

재료

[헤어핀 1개당]

도화지(다양한 종류) …각 지름 3cm 정도

단추 …적당한 것, 실핀 …1개

만드는 법

1 도화지를 지름 3cm 정도의 꽃잎 모양으로 오린다. 2 다른 종류의 도화지를 조금 작게 꽃잎 모양으로 오린다. 3 크기가 다른 꽃잎들을 겹친 뒤 본드로 붙이고 중심을 단추로 장식한다. 4 완성된 꽃을 실핀에 본드로 붙인다.

92 지우개 스탬프 봉투

재료

지우개 …적당량, 미니 봉투 …적당한 것

만드는 법

1 지우개를 가로세로 1~1.5cm로 자른다. 2 칼로 스탬프 문양을 조각한다. 3 봉투에 스탬프를 찍어낸다.

93 잎사귀 책갈피

재료

[책갈피 1개당]

접착 펠트(가로세로 15cm) …1장

실(초록색) …1m, 도화지(검은색, A5) …1장

만드는 법

1 펠트에 초크펜으로 잎사귀 밑그림을 그린다. 2 밑그림을 따라 오린다. 3 줄기 부분을 스티치한다. 4 스티치한 뒷면이 보이지 않도록 도화지를 붙인다.

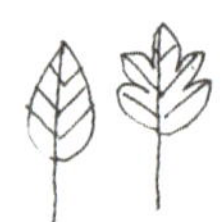

94 오거나이저 보드

재료

칠판(기성품) …1개, 펜(흰색) …1개

만드는 법

1 칠판에 펜으로 일정 템플릿을 그린다.

95 손그림 라벨

재료

밑그림용 종이(A4) …1장

스티커 라벨지(A4) …1장, 펜 …1세트

만드는 법

1 밑그림용 종이에 자유롭게 밑그림을 그린다.
2 ①을 스캔한다. 3 라벨지에 컬러 인쇄한다.

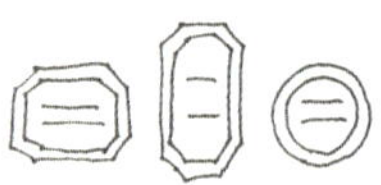

96 단추 여밈 노트

재료

[아이템 1개당]

노트 …1권, 단추(빨간색) …1개, 고무줄 …30cm

만드는 법

1 단추를 노트 표지에 본드로 붙인다. 2 고무줄을 적당한 길이로 잘라 노트 뒤쪽에 본드로 붙인다.

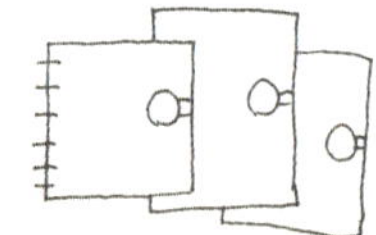

97 크레용 커버

재료

크레용 …1세트
도화지(노란색·핑크색, A4) …각 1장씩

만드는 법

1 도화지를 적당한 크기로 자르고 커버에 스탬프를
찍는다. 2 크레용에 감는다.

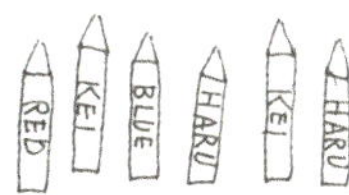

98 손그림 편지 세트

재료

[편지 1세트당]
밑그림용 종이(A4) …1장
용지(A4) …2장, 색연필, 펜 …1세트

만드는 법

1 밑그림용 종이에 자유롭게 밑그림을 그린다. 2 ①
을 스캔한다. 3 용지에 출력한다. 4 봉투 모양대로
자르고 풀로 붙인다.

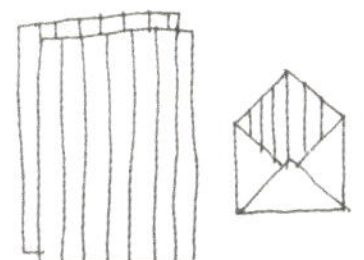

99 윈도우 여행 수첩

재료

노트(A5 변형, A6 변형) …각 1권씩
크라프트지(A4) …1장

만드는 법

1 여행의 상징이었던 사진을 크라프트지에 출력한
다. 2 모티프를 따라 불필요한 부분을 잘라낸다.
3 모티프를 노트 표지에 붙인다. 4 타이틀을 보여
주기 위한 창을 오려낸다. 5 수첩 1페이지에 표지
의 창을 통해 타이틀이 보이도록 글자를 쓴다.

100 북커버 시트

재료

[커버 1장당]
용지(A4) …1장

만드는 법

1 컴퓨터로 좋아하는 무늬를 그린다(책 제목을 쓰기
쉽게 접는 부분을 표시해두는 게 좋다). 2 좋아하
는 종이에 출력한다.

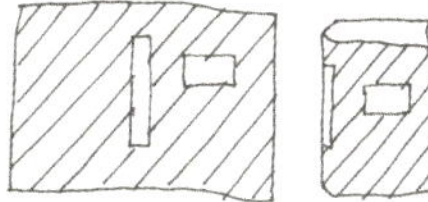

101 CD/DVD 앨범

재료

[앨범 1권당]
봉투(가로 16cm×세로 12.5cm) …8장
두꺼운 종이(A5) …2장
포장지(A4) …2장, 제본용 더블링 …12cm
스티커(기성품) …1장

만드는 법

1 마음에 드는 포장지로 두꺼운 종이 2장을 감싸
커버를 만든다. 2 커버 사이에 봉투를 모두 포갠
다. 3 더블링으로 묶는다. 4 커버 앞에 스티커를
붙인다.

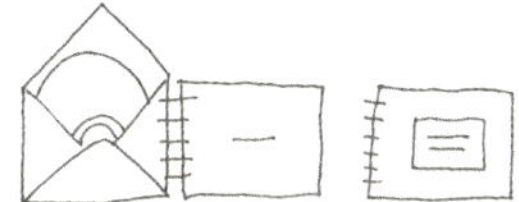

102 DIY 명함

재료

두꺼운 종이(과자 포장지 등) …가로 9cm×세로
4.5cm
스티커 라벨지 …가로 6.5cm×세로 2.5cm
상품 태그 …가로 9cm×세로 4cm

만드는 법

[포장지]
1 컴퓨터로 명함 내용을 작성한 뒤 라벨지에 출력한
다. 2 두꺼운 종이에 ①을 붙인다.
[태그]
1 상품 태그에 개인정보를 스탬프로 찍는다.

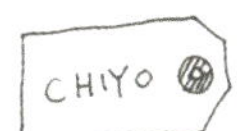

103 심플 바인딩 노트

재료

양피지(커버, A5) …1장
다양한 종이(속지, A5) …다수
바인딩 …카드 링, 고무줄, 제본용 더블링, 더블클
립, 끈

만드는 법

1 커버용 종이와 속지용 종이를 가로 20cm×세로
7cm로 자른다. 2 자른 용지를 반으로 접고 원하는
바인딩 방법으로 묶는다.

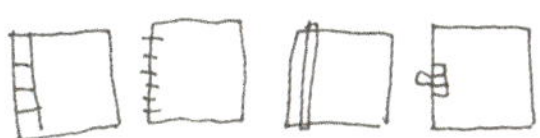

104 아이콘 수납 케이스

재료

[케이스 1개당]
도화지(검은색, A5) …1장
도화지(흰색, A6) …1장
자석시트(폭 2cm) …약 3cm

만드는 법

1 검은색 도화지로 성냥갑을 만든다(가지고 있는 성
냥갑에 도화지를 감싸도 좋다). 2 흰색 도화지에
내용물의 아이콘을 그리고 오린다. 3 아이콘을 상
자 뚜껑 부분에 붙인다. 4 자석시트를 상자 밑면에
붙인다.

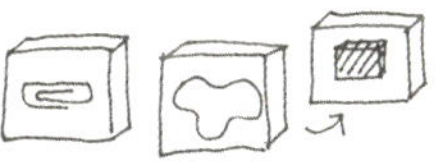

105 미니 봉투 만년 캘린더

재료

글라신지 미니 봉투(가로 5cm×세로 7cm) …49장
두꺼운 출력용지(흰색, A4) …3장
재봉실(빨간색) …적당량

만드는 법

1 미니 봉투를 가로 7칸, 세로 7줄로 배열하고 재
봉틀로 꿰맨다. 2 컴퓨터로 월, 일, 요일을 배치해
두꺼운 출력용지에 출력한다. 3 출력용지를 가로
4cm×세로 6.5cm로 자른다. 4 ③의 월, 일, 요일
카드를 해당 위치의 봉투에 넣는다.

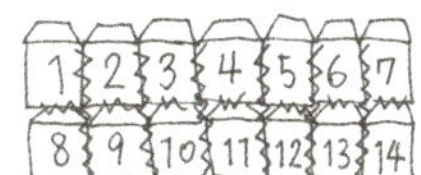

106 행거 캘린더

재료

행거(스커트용, 가로세로 약 25cm) …1개
다양한 종이(다양한 크기) …12장

만드는 법

1 다양한 종류의 종이에 각 달의 캘린더를 자유롭게 스탬프로 찍는다.   2 2~3개월 분량의 캘린더를 행거에 끼운다.

107 단어장 만년 캘린더

재료

단어장(가로 3cm×세로 6.5cm) …3개

만드는 법

1 단어장에 각각 월, 일, 요일을 스탬프로 찍는다.

108 윈도우 캘린더

재료

도화지(흰색 · 노란색, B4) … 각 1장씩

만드는 법

1 노란색 도화지를 12장의 사각형(가로 6.5cm×세로 7.5cm)으로 자른다.   2 ①에 각 달의 캘린더를 타이핑한다.   3 흰색 도화지에 창문을 밑그림으로 그리고 밑그림을 따라 칼집을 넣는다.   4 ③의 뒤에 타이핑한 12장의 노란색 도화지를 붙인다.

109 두리번두리번 미니카

재료

[미니카 1대당]

미니카 …1대, 눈알 단추 …2개

만드는 법

1 미니카에 눈알 단추를 붙인다.

110 변신! 나무블록 박스

재료

종이박스(가로 27cm×세로 20cm×높이 16cm 정도) …1개
도화지(흰색, A3) …3장
도화지(회색 · 핑크색 · 하늘색 · 노란색, A4) …각 1장씩
벨크로 …1개, 나무블록 …적당량

만드는 법

1 흰색 도화지에는 지붕, 창문, 길, 회색 도화지에는 차선을 그려 오린다.   2 종이박스를 펼칠 수 있도록 자른다.   3 상자 안쪽에 길과 차선을 붙인다.   4 상자 바깥쪽에 지붕과 창문을 붙인다.   5 나무블록을 핑크색, 하늘색, 노란색 도화지로 감싼다.   6 박스의 뚜껑을 닫을 수 있게 지붕 부분에 벨크로를 붙인다.

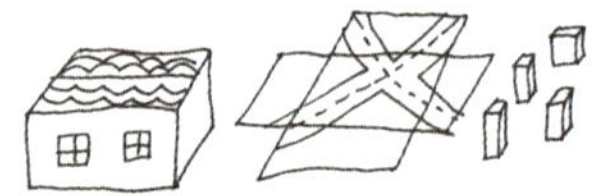

111 생생 낚시놀이

재료

출력용지(흰색, A4) …2장, 두꺼운 종이(A4) …1장
나무막대(두께 4mm×길이 1m) …1개
끈(흰색) …1.5m, 자석판 …가로세로 5cm 정도
소쿠리 …2개, 클립 … 물고기 수만큼

만드는 법

1 물고기 사진을 1장 출력한다.   2 물고기 사진을 컴퓨터로 좌우 반전시켜 다시 1장 출력한다.   3 ①을 두꺼운 종이에 붙이고 물고기 모양대로 오린다.   4 뒷면에 반전시켜 출력한 사진을 붙인다.   5 물고기에 클립을 끼운다.   6 나무막대에 약 70cm 길이의 끈을 묶는다.   7 자석판을 낚싯바늘처럼 오려 끈 끝에 붙인다.

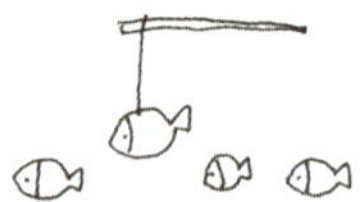

112 정크푸드 토이

재료

출력용지(흰색, A4) …3장, 종이박스(A4) …3장

만드는 법

1 정크푸드 사진을 출력한다.   2 ①을 종이박스에 붙인다.   3 종이박스를 정크푸드 모양대로 오린다.

113 펠트 오셀로

재료

펠트(회색 · 오렌지색 · 파란색, 가로세로 20cm) …각 1장씩
실(검은색 · 파란색) … 적당량

만드는 법

1 회색 펠트에 검은색 실로 바둑판 모양과 테두리를 스티치한다.   2 오렌지색과 파란색 펠트를 지름 약 2cm의 원 64개로 오린다.   3 오렌지색과 파란색 펠트를 1장씩 겹쳐 파란색 실로 꿰맨다.

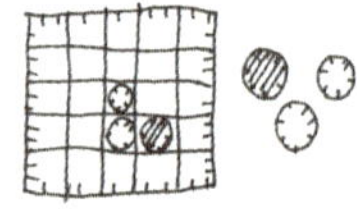

114 팝업 ABC 카드

재료

도화지(회색 · 흰색 · 초록색 · 파란색 · 빨간색 · 오렌지색, A5) … 각 1장씩

만드는 법

1 바탕 부분 종이와 알파벳 부분 종이를 반으로 접는다.   2 알파벳 종이에 밑그림을 그리고 오린다.   3 ②에서 알파벳 부분을 제외하고 나머지만 바탕 종이에 풀로 붙인다.   4 나머지 색도화지로 예쁘게 장식한다.   5 풀로 붙이지 않은 알파벳 부분을 일으켜 세운다.

115 미니어처 스트리트

재료

갱지(A4) …2장, 종이박스(B4) …2장

만드는 법

1 집이나 상점 사진을 갱지에 출력한다.   2 출력한 갱지를 종이박스에 붙인다.   3 종이박스를 집이나 상점 모양을 따라 오려낸다.   4 ③의 뒷면에 종이박스를 대서 받침대로 세운다.

116 미니 드레스룸

재료

다양한 종잇조각 …다수, 철사 …적당량

만드는 법

1 종잇조각을 좋아하는 옷 모양으로 오린다. 2 철사를 구부려 옷걸이를 만든다. 3 옷을 코디해서 옷걸이에 건다.

117 추억 표본

재료

도화지(검은색, A4) …3장
상자(A6~A5) …3개, 출력용지(흰색, A4) …2장

만드는 법

1 상자를 검은 도화지로 감싼다. 2 컴퓨터로 표본의 타이틀을 작성해 출력한다. 3 출력한 종이를 상자 바닥에 끼운다. 4 추억의 물건들을 상자에 배치한다.

118 속임수 잡화점

재료

펠트(빨간색 · 오렌지색 · 초록색 · 노란색 · 갈색 · 흰색 · 베이지색, 가로세로 30cm) …각 1장씩
솜 …200g
출력용지(흰색, A4) …1장
재활용품(바구니, 그물, 가방 등) …원하는 만큼

만드는 법

1 펠트로 채소나 과일 등 식료품 모양을 2장씩 오린다. 2 안에 솜을 넣고 2장을 꿰맨다. 3 가격표나 태그는 컴퓨터로 작성해 출력한다. 4 완성한 식료품을 바구니, 그물, 가방 등에 넣고 가격표를 붙인다.

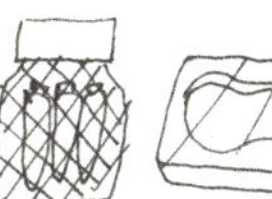

119 템플릿 디자인 포장

재료

[포장 1개당]
디자인 템플릿 자 …1개, 종이(A4) …1장

만드는 법

1 좋아하는 종이의 중심에 디자인 템플릿 자를 사용해 리본과 같은 모양을 그린다. 2 종이 중심에 상하좌우로 선을 그린다. 3 완성한 포장지로 선물을 포장한다.

120 캔디 포장

재료

[포장 1개당]
포장지(A2) …1장
부드러운 천이나 종이 …적당량
리본 …30cm 길이 2개

만드는 법

1 부드러운 천이나 종이로 선물을 감싸 둥근 모양으로 정리한다. 2 ①을 포장지로 포장한다. 3 좌우를 비틀어 캔디 모양을 만든 뒤 리본으로 묶는다. 4 포장지 겉면에 이름과 메시지를 쓴다.

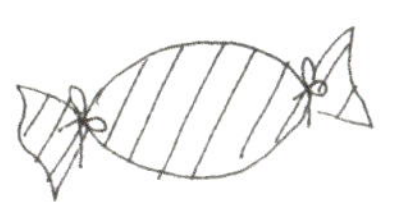

121 윈도우 페이퍼백

재료

[종이봉투 1개당]
종이봉투(가로 13cm×세로 8cm×높이 23cm) …1개

만드는 법

1 종이봉투에 창문을 밑그림으로 그린다.
2 밑그림을 따라 창문을 오려낸다.

122 트럼프 심벌 선물상자

재료

도화지(크림색 · 초록색, A4) …각 1장씩

만드는 법

1 컴퓨터로 상자(완성 크기: 가로세로 5cm 정도)의 전개도를 그린 뒤 출력한다. 2 상자를 조립한다.

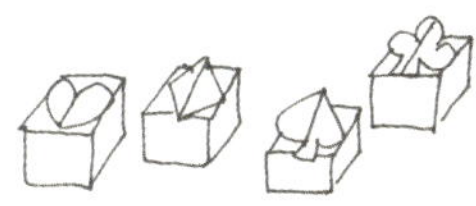

123 스티커 선물상자

재료

상자(기성품, 한 변이 각 8cm, 6cm, 4cm의 정육면체) …각 1개씩
다양한 스티커 … 별, 화살표, 나비

만드는 법

1 상자에 자유롭게 스티커를 붙인다.

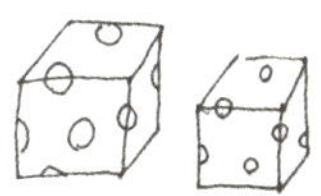

124 아이콘 페이퍼백

재료

종이봉투(가로 22cm×세로 9cm×높이 27cm) …2개
도화지(파란색 · 노란색, A4) …각 1장씩

만드는 법

1 도화지에 선물 밑그림을 그린다. 2 밑그림을 따라 오린 뒤 종이봉투에 붙인다.

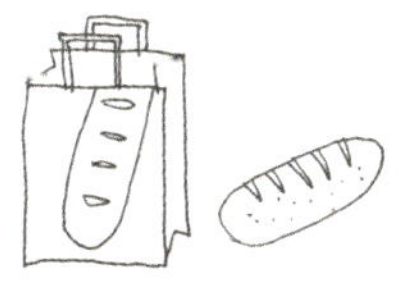

125 손그림 무늬 선물상자

재료

도화지(갈색 · 흰색 · 초록색 · 핑크색, A4) …각 1장씩
색연필 …1세트

만드는 법

1 컴퓨터로 정사면체(완성 크기: 한 변이 12cm 정도)의 전개도를 그린 뒤 출력한다. 2 색연필로 자유롭게 무늬를 그린다. 3 조립한 뒤 연결 부분을 풀로 붙인다.

126 퍼즐 초대장

재료

[카드 1장당]

도화지(파란색 · 핑크색 · 회색, A5) … 각 1장씩

출력용지(흰색, A5) … 1장

OPP 봉투(가로세로 12cm) … 1장

만드는 법

1 컴퓨터로 퍼즐을 그린 뒤 출력용지에 출력한다.
2 컴퓨터로 퍼즐에 넣을 내용과 봉투 태그에 넣을 내용을 작성한다. 3 3장의 도화지에 ②를 출력한다. 4 ①의 출력용지에 3장의 도화지를 겹친 뒤 선을 따라 퍼즐조각이 되도록 자른다. 5 세 가지 색이 고루 섞여 퍼즐 1세트가 되도록 조각을 섞는다.
6 ③에서 태그 부분을 오린다. 7 퍼즐조각을 OPP 봉투에 넣어 태그를 붙이고 스테이플러로 봉한다.

127 꽃 초대장

재료

[카드 1장당]

도화지(파란색 · 핑크색 · 노란색 · 회색, A5) … 각 1장씩

만드는 법

1 컴퓨터로 파티 내용을 작성한 뒤 가장 위에 놓일 도화지에 출력한다. 2 4장의 도화지를 가로세로 12cm로 자른다. 3 도화지 뒤에 양면테이프를 붙여 3장을 겹친 뒤 꽃잎 모양으로 자른다. 4 꽃잎을 일으켜 세운다. 5 나머지 1장을 맨 뒤에 붙인다.

128 하트 초대장

재료

출력용지(흰색, A4) … 1장, 실(빨간색) … 적당량

만드는 법

1 컴퓨터로 전체 가로 18cm×세로 9.5cm 정도로, 하트 2개를 접었을 때 딱 겹쳐지도록 좌우 반전시킨 하트 전개도를 준비한다. 2 하트 속에 파티 정보를 작성해 출력한다. 3 하트 모양대로 오려 반으로 접는다. 4 바늘에 붉은 실을 꿴 뒤 하트를 관통해 리본으로 묶는다.

129 티백 초대장

재료

[카드 1장당]

글라신지(흰색, A5) … 1장

도화지(크림색, A6) … 1장

실(빨간색) … 적당량, 찻잎 … 적당량

만드는 법

1 글라신지를 접어 가로 10cm×세로 11cm 정도의 주머니를 만든다. 2 컴퓨터로 파티 정보를 작성해 도화지에 출력한다. 3 도화지를 가로세로 7cm로 자른다. 4 주머니에 찻잎을 넣는다. 5 주머니와 도화지를 재봉틀로 꿰맨다.

130 퀴즈 초대장

재료

[카드 1장당]

크라프트지(A4) … 1장

만드는 법

1 컴퓨터로 파티 정보를 작성해 크라프트지에 출력한다. 2 종이를 가로세로 10cm로 자른다. 3 점을 연결하면 그림이 완성되도록 일러스트를 그린다.

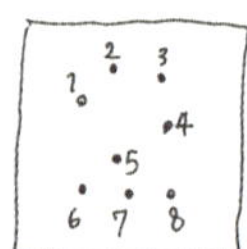

131 키재기 줄자 초대장

재료

[카드 1장당]

종이(격자무늬, A4) … 1장

리본(금색) … 15cm

만드는 법

1 종이를 가로 28cm×세로 7.5cm로 자른다. 2 앞면에는 파티 정보, 뒷면에는 태어났을 때와 1살이 되었을 때의 키를 각각 스탬프로 찍는다. 3 둥글게 말아 리본으로 묶는다.

132 이름표 컵홀더

재료

[홀더 1개당]

크라프트지(A4) … 1장

만드는 법

1 컵 하나를 해체해 홀더의 틀을 준비한다(컵에 둘렀을 때 평행이 되기 위해서는 약간 아치 형태로 만들어야 한다). 2 크라프트지에 ①의 홀더 틀을 대고 오린다. 3 이름을 쓰고 컵에 두른 뒤 풀로 붙인다.

133 종이 테이블매트

재료

[매트 1개당]

도화지(흰색 · 갈색, B4) … 각 1장씩

만드는 법

1 흰색 도화지를 원하는 모양으로 오린다. 2 갈색 도화지 위에 풀로 붙인다.

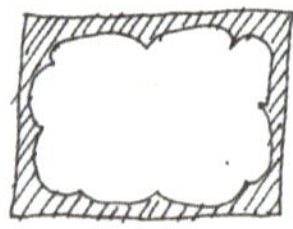

134 픽셀 쿠키

재료

쿠키(가로세로 2cm) … 필요한 만큼

만드는 법

1 사각형 쿠키를 많이 준비한다. 2 가로세로 또는 비스듬하게 나열해 원하는 그림을 만든다.

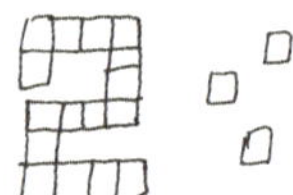

135 이모티콘 고깔모자

재료

도화지(초록색 · 연초록색 · 연분홍색 · 파란색, A4) … 각 1장씩

만드는 법

1 도화지에 이모티콘 밑그림을 그리고 오려낸다.
2 고깔 모양이 되도록 둥글게 말아 풀로 붙인다.

136 장식 연필

재료

[연필 1개당]

마스킹테이프 …6~7cm

만드는 법

1 연필에 마스킹테이프를 두르고 깃발 모양이 되도록 끝을 잘라낸다.

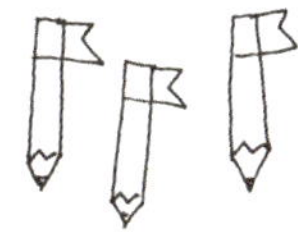

137 젓가락 종이 홀더 & 받침

재료

[세트 1개당]

종잇조각 …가로세로 15cm 정도

만드는 법

[홀더]

1 종잇조각을 가로 4.5cm×세로 2.5cm로 자른 뒤 둥글게 말아 풀로 붙인다.

[받침]

1 종잇조각을 가로세로 7.5cm로 자른 뒤 반으로 접어 세운다.

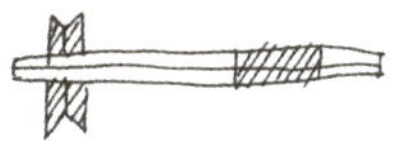

138 장식 이쑤시개

재료

[장식별 이쑤시개 1개당]

도화지(베이지색) …가로 10cm×세로 2cm 정도

리본 …15cm 정도

마스킹테이프 …7~15cm

만드는 법

[도화지 깃발]

1 도화지를 반으로 접어 이쑤시개에 감고 깃발 모양이 되도록 끝을 잘라낸다. 2 깃발에 글자를 적는다.

[리본 깃발]

1 리본을 묶어 이쑤시개 끝에 붙인다.

[마스킹 깃발]

1 이쑤시개에 마스킹테이프를 감고 깃발 모양이 되도록 끝을 잘라낸다.

139 왕관과 티아라

재료

두꺼운 종이(은색·스트라이프 무늬, A5) …각 1장씩

만드는 법

1 두꺼운 종이를 왕관(높이 10cm)과 티아라(높이 6cm) 모양으로 오린다. 2 머리둘레에 맞게 동그랗게 말아서 본드 등으로 붙인다.

140 맛이 보이는 막대사탕

재료

[막대사탕 1개당]

막대사탕 …1개

도화지(다양한 색) …각 지름 3cm 정도

만드는 법

1 바탕색이 되는 도화지(레몬의 경우, 노란색)를 지름 3cm의 원으로 오린다. 2 사탕 맛에 해당하는 과일의 단면을 그린 뒤 나머지 도화지를 잘라 붙여 꾸민다. 3 가운데에 구멍을 내고 막대사탕을 꽂는다.

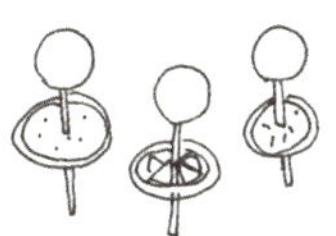

141 종이 턱받이

재료

[턱받이 1개당]

출력용지(흰색, A3) … 1장

만드는 법

1 컴퓨터로 좋아하는 디자인을 그리거나 준비한다. 2 출력용지에 출력한다. 3 머리가 들어가는 부분을 둥글게 오린 뒤 입기 쉽도록 칼집을 넣는다.

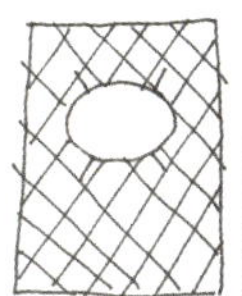 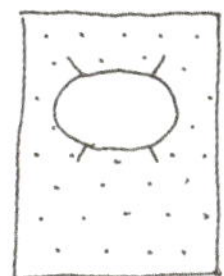

142 간식 가방

재료

거즈 …지름 12cm 원 2장

자수실(빨간색) …적당량

만드는 법

1 거즈 2장을 겹쳐 입구 부분을 남기고 테두리를 대강 꿰맨다. 2 입구 부분으로 다양한 과자를 넣는다.

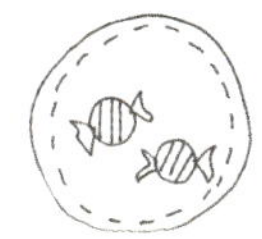

143 달콤한 동물농장

재료

[농장 1개당]

동물 모양 쿠키 …1개

말차 무스 …적당량, 말차 파우더 …적당량

만드는 법

1 말차 무스를 그릇에 담고 위에 말차 파우더를 뿌린다. 2 ①에 동물 모양 쿠키를 세운다.

144 착시효과 컵받침

재료

도화지(흰색·노란색·빨간색, A5) …컵의 수만큼

만드는 법

1 도화지 위에 컵을 놓고 컵받침의 밑그림을 그린다. 2 밑그림을 따라 오린다.

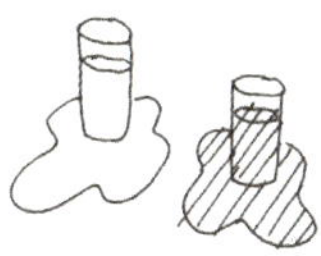

145 별이 내린 테이블

재료

도화지(검은색·은색·초록색, A4) …각 1장씩

투명 비닐시트 …테이블 크기에 맞춘다

만드는 법

1 도화지를 다양한 크기와 모양의 별로 오린다. 2 테이블 위에 별을 늘어놓는다. 3 늘어놓은 별 위에 비닐시트를 덮는다.

소소한 일상을
한 뼘 더 행복하게 만드는

핸드메이드
레시피

펴낸날 초판 1쇄 2013년 12월 5일

지은이 TUESDAY
옮긴이 민경욱

펴낸이 임호준
이사 이동혁
편집장 김소중
책임 편집 권지숙 ｜ **편집** 윤은숙 장재순 나정애 김민정 임주하 이승민
디자인 이지선 왕윤경 ｜ **마케팅** 강진수 김찬완 권소회
경영지원 나은혜 박석호 ｜ **e—비즈** 표형원 이용직 유영경 배은지

인쇄 자윤프린팅

펴낸곳 비타북스 ｜ **발행처** ㈜헬스조선 ｜ **출판등록** 제2—4324호 2006년 1월 12일
주소 서울특별시 중구 태평로1가 61 ｜ **전화** (02) 724—7676 ｜ **팩스** (02) 722—9339
홈페이지 www.vita-books.co.kr ｜ **블로그** blog.naver.com/vita_books ｜ **페이스북** www.facebook.com/vitabooks

© TUESDAY, 2013

ISBN 979—11—85020—17—4   13630

• 이 도서의 국립중앙도서관 출판시도서목록(CIP)은 서지정보유통지원시스템 홈페이지(http://seoji.nl.go.kr)와 국가
　자료공동목록시스템(http://www.nl.go.kr/kolisnet)에서 이용하실 수 있습니다. (CIP제어번호: CIP2013025013)